DES
IMITATIONS MILITAIRES

PAR

ÉD. DE LA BARRE DUPARCQ

MÉMOIRE

LU A L'ACADÉMIE DES SCIENCES MORALES ET POLITIQUES

PARIS
CH. TANERA, LIBRAIRE ÉDITEUR
LIBRAIRIE POUR L'ART MILITAIRE, LES SCIENCES ET LES ARTS
RUE DE SAVOIE, 6

1866.

DES IMITATIONS MILITAIRES.

EXTRAIT DU COMPTE-RENDU

De l'Académie des Sciences Morales et Politiques,

RÉDIGÉ PAR M. CHARLES VERGÉ,

Sous la direction de M. le Secrétaire perpétuel de l'Académie.

DES

IMITATIONS MILITAIRES

PAR

ÉD. DE LA BARRE DUPARCQ

MÉMOIRE

LU A L'ACADÉMIE DES SCIENCES MORALES ET POLITIQUES

PARIS
CH. TANERA, LIBRAIRE ÉDITEUR
LIBRAIRIE POUR L'ART MILITAIRE, LES SCIENCES ET LES ARTS
RUE DE SAVOIE, 6

1866.

DU MÊME AUTEUR :

Parallélisme des progrès de la civilisation et de l'art militaire, 1861.

L'art des Indices, 1862.

Hannihal en Italie, 1862.

L'art militare pendant les guerres de religion, 1864.

Le Bonheur à la guerre, 1865.

DES

IMITATIONS MILITAIRES.

INTRODUCTION.

La jeunesse affirme et tranche; la pétulance de la nature y pousse, mais son manque d'expérience et de savoir également. On peut en dire autant des écrivains : celui qui a lu vingt ouvrages sur un sujet se croit très-savant; s'il en avait lu cent il reconnaîtrait qu'il sait peu de chose. Cette remarque s'applique aux biographes à un point de vue spécial; celui d'entre eux qui a étudié un seul grand homme et écrit une vie unique, accorde souvent trop de foi à son héros, et ne semble pas se douter que plus d'un acte, plus d'un propos de cette célébrité, a été accompli ou dit longtemps auparavant.

Les hommes s'imitent en effet, soit par réminiscence, quand ils ont lu ou entendu raconter l'histoire d'autres hommes leurs prédécesseurs, soit plus encore parce qu'une machine semblable reste susceptible des mêmes effets (1). L'expérience de la vie démontre ce résultat, et d'ailleurs on s'en aperçoit au berceau d'un enfant qui né, il y a une heure, et malgré son état de miniature humaine, agit déjà dans ses moindres gestes comme un homme.

Les imitations dont je parle ne constituent pas seulement des analogies plus ou moins parfaites entre le caractère, la conduite, la situation de deux personnages renommés, analogies mises déjà en relief par plusieurs auteurs, notamment par Plutarque, dans des *parallèles* qui ne manquent ni d'in-

(1) La Fontaine n'était pas comme tout le monde, quoique le célèbre fabuliste me paraisse moins distrait qu'on ne s'est complu à le peindre ; eh bien, il a *imité* dans l'une des actions qui paraissent le mieux lui appartenir. Quand il se trouve sans logement, sans ressource, il rencontre Madame d'Hervart : « Venez chez moi, lui dit-elle. — *J'y allais,* » répond-il. L'impitoyable histoire nous représente ce mot charmant comme prononcé quatre siècles auparavant, et dans des conditions qui le rendent plus intéressant. Pendant la captivité de saint Louis en Égypte, la reine de France court danger de tomber entre les mains des infidèles, et dit à son sénéchal que, dans une pareille alternative, il faudrait la tuer : « *J'y songeais*, Madame ! » réplique avec une mâle simplicité le digne serviteur.

vention, ni d'attrait (1). Ce sont des imitations identiques, presque brutales, d'un même fait. J'en ai rencontré un certain nombre dans mes lectures, relativement à des guerriers et je demande à l'Académie la permission de les lui exposer.

Une semblable exposition comprendra nécessairement des faits connus de tout le monde, mais d'autres le seront moins; en tout cas le rapprochement de plusieurs peut parfois être neuf et intéresser, j'en ai l'espoir.

Je rappellerai d'abord un fait moderne, autant que possible un fait saillant, remarquable, qui a été prôné, puis je montrerai, en remontant le cours des âges, que ce fait avait déjà été produit, qu'il se retrouve à une date antérieure, qu'il est ou parait être une imitation d'un fait plus ancien, et ce dernier également.

Chaque trait moderne, servant de point de départ à un rapprochement historique, occupera dans ce mémoire sa place chronologique et sera rangé sous le nom d'un homme illustre.

(1) Nous voulons parler des *Parallèles* qui terminent ses *Vies d'hommes illustres*, et non de ses *Parallèles d'histoires grecques et romaines*, traité qui ne paraît pas lui appartenir, quoique figurant dans ses Œuvres.

D'autres avant moi ont traité des *Imitations* à un point de vue général, entre autres MM. Suard et Arnauld. Je marche donc sur leurs brisées et ne suis moi-même qu'un imitateur : pourquoi ne pas l'avouer, je suis au demeurant un homme, c'est-à-dire un être condamné à naitre, à vivre, à mourir, tout comme mon père ; mon fils, si Dieu lui prête vie, fera comme moi et ses enfants aussi. Chaque famille constitue une chaîne d'imitateurs, où se reproduisent les aptitudes, les caractères, les manies; mais cette réflexion m'entraînerait hors du sujet qui fait l'objet de ce mémoire, et les imitateurs appelés à figurer en ces pages, n'ont d'autre parenté que celle de descendre du premier homme.

§ Ier.

FAITS APPARTENANT A L'ANTIQUITÉ.

I. — HANNIBAL.

Hannibal, pour franchir le Rhône (218 avant J.-C.), fait une attaque tournante qui menace le flanc droit de l'adversaire, et recourt à l'attaque de front dès qu'il le voit ébranlé. Plus d'un siècle auparavant (1), Alexandre avait agi de la sorte pour le passage de l'Hydaspe et multiplié les fausses attaques, les mouvements divers pour détourner l'attention de l'ennemi, et s'élancer ensuite comme une flèche, d'une rive à l'autre, vers le point désigné. De part et d'autre le passage s'opère au dernier moment, presque par une surprise (2). Depuis Alexandre et Hannibal, ce mode d'une double attaque pour le passage des rivières est devenu une méthode, un principe d'art militaire, surtout avec la combinaison de l'emploi d'une île sise à proximité, comme cela eut lieu aux passages de l'Hydaspe et du Rhône : cette méthode, Bonaparte l'a consacrée de nouveau, en 1796, à Lodi (3).

(1) 327 avant Jésus-Christ.

(2) Voyez l'*Art de la guerre chez les Anglais*, par le colonel Macdougall, traduction française par le capitaine Mackintosh, 1862, p. 182.

(3) Consultez *Quinte-Curce*, VIII, 13, et mon mémoire *Hannibal en Italie*, 1863, p. 11 et 12.

II. — MASSINISSA.

Vers l'an 203 avant J.-C., Massinissa, alors roi de Massylie, battu par son compétiteur Syphax, se retira, si nous en croyons Tite-Live, du champ de bataille sur une montagne nommée Balbus, dans le pays, et là fonda une petite colonie. Comme cette colonie ne tarda pas à se rendre redoutable, les Carthaginois s'en plaignirent à leur allié Syphax, qui envoya contre elle son lieutenant Bocchar, avec 4,000 fantassins et 2,000 chevaux lui promettant de grandes récompenses s'il ramenait le monarque fugitif prisonnier, ou s'il rapportait sa tête en signe de victoire. Bocchar atteignit la colonie, la dispersa, puis, avec une escorte de 1,000 fantassins et 200 cavaliers, se mit à la poursuite de Massinissa, l'atteignit dans de vastes plaines près de Clypea, l'enveloppa et anéantit ses fidèles guerriers. Blessé, le vaincu s'échappa avec quatre cavaliers, et, arrivé près d'une large rivière, n'hésita pas à s'y précipiter à cheval; deux de ses compagnons y périrent, on le crut noyé et la poursuite cessa. Lui pourtant gagne l'autre rive et trouve asile dans une caverne ignorée; les deux cavaliers restés ses compagnons lui apportent des herbes pour panser ses blessures, et pourvoient à sa nourriture par la chasse et par quelques rapines. Dès que ses cicatrices se consolident, il remonte à cheval et tente de nouveau la conquête de son royaume perdu (1).

On assure que, pendant son séjour dans la caverne, Massinissa se trouva un instant à peu de distance de Syphax campé sur le terrain environnant (2). Il est plus probable

(1) *Tite-Live*, XXIX, 31, 32.

(2) *Histoire romaine*, par M. Michelet, 1831, t. II, p. 41.

que ce fut Bocchar qui, parti de nouveau à sa recherche, en approcha tellement qu'il fut sur le point de le découvrir : le récit de Tite-Live semble contraire à cette assertion, puisque cet auteur dit nettement que Bocchar s'arrêta sur le bord de la rivière, mais le fait est possible en supposant que, après un certain temps d'arrêt, le lieutenant de Syphax se mît encore en quête.

Toujours est-il que ce fait dramatique et intéressant de se représenter un vaincu caché et échappant à son vainqueur qui passe près de sa cachette, se retrouve antérieurement dans l'histoire juive.

Plus de mille années avant notre ère, David, poursuivi par Saül, jaloux de ses succès et de sa renommée, s'enfuit, muni de l'épée du géant philistin (1) qu'il a tué, et se réfugie chez Achis, roi de Geth. Obligé de quitter même la cour de ce monarque, il se cache dans la caverne d'Odollam, où ses frères viennent le trouver et lui amènent bientôt jusqu'à 400 combattants. Il se trouve plusieurs fois alors en situation de saisir Saül et de le tuer, mais il respecte en lui l'oint du Seigneur (2). Et pourtant une circonstance aurait pu attiser sa colère en offrant à son bras une vengeance facile : on prétend que Saül vint à pénétrer et à s'endormir dans la même caverne. C'est bien un fait analogue à celui de Massinissa et de Syphax, le vainqueur à la merci du vaincu et cela par un hasard spécial.

(1) Goliath. — C'est le grand prêtre Abimelech qui lui remet cette épée, conservée dans le temple comme trophée.

(2) Consultez la *Sainte-Bible*, livres du Vieux-Testament, *Samuel*, livre Ier, chap. XXII.

III. — METELLUS.

Nous lisons dans Valère Maxime que le consul Q. Metellus, faisant exécuter à son armée certains mouvements opposés dans le but de tomber sur Trébie, un ami particulier lui demanda pourquoi il opérait ainsi. Une fois la place dégarnie, Metellus répondit : « Ne m'interrogez pas davantage, parce que si je croyais que ma chemise sût mon dessein, je la jetterais dans le feu. »

C'est la répétition du mot de l'un des successeurs d'Alexandre d'Antigone à son fils Démétrius. Comme celui-ci lui demandait quand il décamperait : « As-tu peur de ne pas entendre le son de la trompette ? » lui dit-il.

Ces deux réponses rappellent l'utilité du secret dans les opérations militaires.

IV. — JULIEN.

Ammien Marcellin (1) nous apprend que, dans sa dernière bataille contre les Perses, nous pouvons dire dans sa dernière victoire, l'empereur Julien « adopta *l'ordre homérique* d'intercaler ce qu'il y avait de moins sûr dans son infanterie, entre le premier corps de bataille et la réserve. Cette troupe, en effet, s'il l'eut mise en front, suffisait, lâchant pied, pour entraîner la déroute du reste ; et, placée en queue, elle n'eut rien eu derrière elle pour la contenir. »

(1) XXIV, 6, traduction de la collection due à M. Nisard.

C'est à peu près ainsi qu'Hannibal avait agi à Zama; ses vétérans d'Italie formaient la réserve tandis que ses deux premières lignes comprenaient ses autres troupes, les mercenaires en tête ; quand ces derniers furent mis en déroute, la seconde ligne, sur laquelle ils se jetèrent, les reçut à coups d'épée.

L'expression *ordre homérique*, employée par Ammien Marcellin, nous rappelle que cette disposition figure dans les actions décrites par Homère et qu'elle semble avoir été empruntée à ses héros par Hannibal, Julien et sans doute plusieurs autres chefs d'armée : en effet Nestor, lorsqu'il ordonnait ses troupes pour le combat, plaçait dans le milieu ses soldats les moins bons, afin que l'exemple des premiers les encourageât et la ténacité des seconds les retint (1).

(1) *Iliade*, livre IV. — En 1752, sous le ministère de M. d'Argenson, on rangeait en France les soldats suivant une disposition semblable, mais ce rangement ne dura pas : l'organisation par rang de taille date de 1774.

§ II.

FAITS APPARTENANT AU MOYEN-AGE.

I. — ÉDOUARD III D'ANGLETERRE.

A la bataille de Crécy, Edouard III avait formé son armée sur trois lignes; la première, forte de 800 hommes d'armes, comprenait, sur chacune de ses ailes, un millier d'archers, rangés en herse ou tête de porc, c'est-à-dire en un corps avancé qui présentait en saillie un pan coupé : ces deux corps constituaient, par rapport au centre de la ligne de bataille, considéré comme courtine, deux véritables bastions et dessinaient un rentrant.

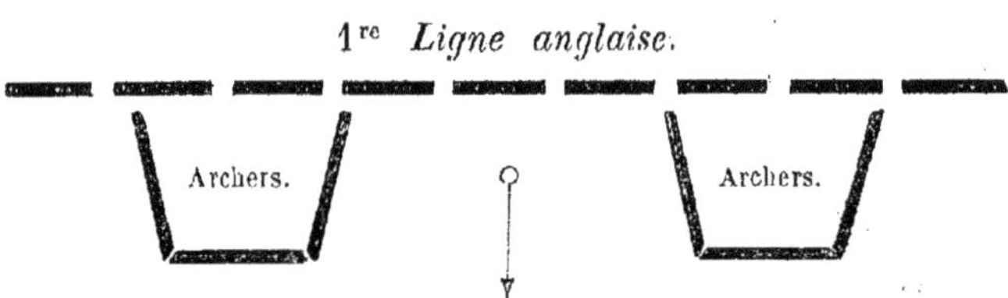

On conçoit combien les 1,500 archers génois de l'armée française qui, par suite de la désobéissance de nos troupes continuant à s'avancer malgré les ordres du roi Philippe, furent obligés d'attaquer avant d'être en ordre de bataille, on conçoit combien ces archers durent souffrir des traits de l'ennemi, lorsqu'ils furent poussés dans ce rentrant sans être *déployés;* tous les coups de tireurs habiles portaient sur leur masse compacte.

Eh bien, cette formation se retrouve à la bataille de Lentagio (1), gagnée en Italie, l'an 552, par les Romains contre les Goths de Totila, et Edouard III semble avoir imité Narsès. Ce dernier avait pu placer sur chacun de ses flancs un corps de 4,000 archers : ces archers s'étendaient d'abord en ligne droite, mais le général de Justinien « leur fit former ce que le chevalier de Folard a nommé *tête de porc*. Le sens du texte est qu'ils arrondirent leur front en forme de demi-lune, ce qui représentait deux tours qui flanquaient la ligne comme une courtine (2). » On voit que dans les deux batailles, c'est exactement la même disposition, et cette fois encore l'adversaire (chez les Goths ce fut la cavalerie) éprouva de grandes pertes à cause des traits qui l'atteignirent de flanc et d'écharpe.

L'ordre de bataille des Romains à la bataille de Lentagio, imité par Édouard III, se retrouve encore dans le combat livré au Canada par les Français, en septembre 1755, contre les Anglais, près du lac Saint-Sacrement : le baron de Dieskau, qui commandait les Français, l'appelle une *disposition en cul de sac* (3).

II. — DU GUESCLIN.

Du Guesclin, avant la bataille de Cocherel (1364), offre de renvoyer ceux de ses soldats qui ne sont pas disposés à combattre les Anglais *jusqu'à extinction*, sous la condition qu'ils le déclareront sur le champ, ce qu'aucun n'osa faire malgré sa promesse de faire *brancher aux arbres* les fuyards

(1) Anciennement Tagina, près de Nocera.

(2) *Tactique* de Maizeroy, t. IV, p. 400. V. p. 367 et 369 et les planches XIII et XV.

(3) *Le Canada sous la domination française*, par M. Dussieux, 1862, p. 265.

de son armée (1). Par ce moyen il ne perdit pas un seul homme et mit tous les siens dans l'obligation de ne pas reculer d'une semelle, ce qu'ils firent. Mais l'offre eut-elle été acceptée par un certain nombre, Du Guesclin aurait encore réussi en ce sens que la subsistance de son armée lui occasionnait beaucoup de difficultés, et que pour une lutte suprême il vaut mieux des soldats décidés et en moindre nombre.

Sa conduite en cette circonstance est une imitation d'Hannibal avant son départ d'Espagne, d'Alexandre le Grand au moment de son passage en Asie, et de la loi juive.

Hannibal, sur le point de franchir les Pyrénées pour gagner les Alpes et envahir l'Italie, renvoie dans leur pays ceux de ses soldats qui ne montrent pas de bonne volonté pour le suivre dans sa course hardie (2).

Alexandre, après la victoire du Granique et la prise de possession de la Carie, donne congé à ceux de ses combattants qui sont mariés, et les envoie passer l'hiver en Macédoine, soit pour ne pas mettre leur courage à une plus longue épreuve, soit pour encourager par la certitude d'un courage bienveillant et paternel, les jeunes gens de son royaume à quitter leur foyer et à venir en Asie renforcer son armée (3).

La loi juive permettait à ceux qui manquaient de courage de quitter l'armée au moment du combat : on redoutait moins leur absence que le mauvais exemple qu'ils pouvaient donner.

(1) *Histoire de Du Guesclin,* par M. de Fréminville, 1841, p. 124.

(2) Polybe, dont les vues sont politiques, dit qu'il renvoya dix mille soldats dans leur pays pour s'y ménager l'amitié des peuples. Livre III, ch. VII.

(3) Arrien, *Expéditions d'Alexandre*, I, 5.

III. — LES CHEVALIERS FRANÇAIS EN HONGRIE.

Les chevaliers français qui firent partie du secours envoyé en 1396 par la France au roi de Hongrie, cédant à trop de présomption, disaient partout que non-seulement leurs lances suffiraient pour battre les Turcs, mais qu'au besoin *elles soutiendraient le ciel* s'il s'avisait de vouloir tomber.

Cette vantardise ne leur réussit pas, car ils furent tous pris, même Boucicaut, à la bataille de Nicopolis ; elle semble une imitation d'un mot de César, lequel, après sa victoire de Munda, déclara aux chefs espagnols que s'il avait été vaincu par eux, il restait encore au peuple Romain « dix légions capables non-seulement de leur résister, mais même *d'escalader le ciel* (1). »

IV. — ALBERT L'ACHILLE.

Un des premiers électeurs de Brandebourg, Albert l'Achille, assiégeant vers 1449 la ville de Grœfenberg qu'entourait une muraille avec fossé, lui fit donner l'assaut de quatre côtés à la fois. Quant à lui, en preux chevalier, il choisit le côté le plus difficile, escalada le mur, s'élança le premier dans la place, fut entouré d'ennemis, et se défendit vaillamment jusqu'à l'arrivée des siens.

Qui ne verra dans ce fait une imitation et peut-être une réminiscence de la conduite d'Alexandre le Grand dans la ca-

(1) Ce mot de César est rapporté par Hirtius, *Guerre d'Espagne*, ch. XLII. Voyez ci-après la note du n° 39 (Jellachich) du § 3 de ce mémoire.

pitale des Oxydraques, alors que ce conquérant, après avoir sauté dans l'intérieur d'un fort, s'adossa contre la muraille et résista à coups d'épée, malgré ses blessures, jusqu'à l'apparition un peu tardive des Macédoniens? Il peut d'autant mieux y avoir réminiscence dans le fait d'Albert l'Achille que, malgré l'ignorance de ces temps et de ces contrées, on lisait déjà les auteurs anciens, non dans les livres, l'invention de l'imprimerie étant contemporaine de l'exploit qui nous occupe, mais dans des manuscrits, et certes parmi les récits présentés aux princes dans leur jeunesse, ceux qui concernent Alexandre le Grand, devaient tenir une place importante.

V. — LOUIS XII.

Le roi de France Louis XII, n'étant que duc d'Orléans, avait voulu disputer la régence à Anne de Beaujeu, et, fait prisonnier à Saint-Aubin (1480) par La Trémoille, avait été fort maltraité par la Régente et toute la cour. Devenu roi, dix ans après, son premier mot eut pour but d'amnistier ses persécuteurs : « Le roi de France proclama-t-il, n'a pas à venger les injures faites au duc d'Orléans. »

Déjà, ayant eu à se plaindre d'un officier avant son élévation sur le pavois, Adrien lui avait dit avec douceur en montant sur le trône : « Tu es sauvé, me voici Empereur. »

S'il m'était permis d'ajouter ici une réflexion en dehors de mon but spécial, je dirais que ces deux excellents monarques ont voulu, par ce mot, non-seulement faire grâce et user ainsi d'une des prérogatives de leur nouveau rang, mais montrer en outre qu'un souverain digne de ce nom doit s'élever au-dessus des passions mesquines qui agitent et guident souvent le simple citoyen.

VI. — UN SERGENT ÉCOSSAIS.

Pendant la conquête du Mexique par Fernand Cortès, conquête qui commença en 1519, un sergent écossais, devenu le prisonnier des Mexicains et sachant les supplices qu'on lui réservait, imagina pour s'y soustraire un ingénieux stratagème. Il persuada aux sauvages qui l'entouraient qu'un de ses parents lui avait enseigné le secret d'être invulnérable : ceux-ci, l'ayant vu brave au milieu des combats et sans une seule blessure, crurent à sa parole ; « Essayez, leur dit-il, voici mon sabre. Attendez que je découvre mon cou et prononce les mots enchantés... Maintenant frappez, je suis prêt. » A ces mots, le Mexicain, qui avait saisi l'arme, lui tranche la tête et reste étonné d'avoir réussi.

Ce beau fait, cet héroisme que l'on regrette de voir dépensé à sauver des tortures un seul homme, n'est pourtant qu'une imitation, à l'insu sans doute de son auteur.

Deux siècles auparavant, dans la guerre que le roi de Pologne porte dans la Marche de Brandebourg (1325), une religieuse craignant le déshonneur, arrête le soldat qui allait lui faire violence en lui assurant qu'elle lui révèlera le secret de rester invulnérable. Le Polonais fait un signe de doute : « Essaye d'abord sur moi-même, lui dit-elle, je te montrerai ensuite mon moyen. » Le crédule ennemi saisit son sabre et frappa la pauvre fille, dont la tête vole et dont le corps demeure pur.

VII. — BAYART.

On attribue à Bayart un certain regret au sujet des armes à feu. « C'est un grand crève cœur, aurait-il prononcé vers

1520, qu'un vaillant homme puisse être tué par un vil et abject *friquenelle*. Ce mot doit être considéré (1) comme un simple regret, comme la boutade d'un chevalier préférant les coups d'estoc et de taille, et non comme l'aveuglement d'un guerrier qui dédaigne une nouvelle arme et s'oppose à son emploi. Toujours est-il qu'avant lui on retrouve des exclamations analogues. « L'arbalète est *une invention du démon*, » dit Anne Commène au livre X de l'Alexiade, composée vers 1125. Archidamus, voyant le premier trait de batterie apporté de Sicile, ne put, c'est Plutarque qui le rapporte (2), retenir cette exclamation : « Grands dieux, la force de l'homme devient inutile. » Dans cette imitation, tout repose sur la question de savoir si Bayart avait lu ou entendu lire Plutarque : c'est possible, car il aimait à lire et avait fréquenté jusqu'à 12 ans les écoles de Grenoble sous la surveillance de son oncle Laurent des Alleman, évêque de cette ville, écoles ou subsistaient quelques vestiges d'instruction par suite du voisinage de l'Italie; toutefois la traduction d'Amyot n'avait pas encore paru (3), mais on possédait déjà le texte de cet écrivain, et, en dehors des écoles, les chapelains devaient entretenir les seigneurs, auxquels ils étaient attachés, d'un auteur aussi intéressant pour eux.

Nous pouvons faire, au sujet de Bayart, un second rapprochement. On l'appelle *chevalier sans peur et sans reproche,* mais il serait inexact de croire que ce surnom lui fut uniquement appliqué de son temps. C'est à lui qu'il est demeuré, c'est lui qui le mérita le mieux ; néanmoins il était commun aux

(1) *Histoire de l'art de la guerre*, IIe partie, ch. Ier, § 2.

(2) *Apophtegmes des Lacédémoniens*, Archidamus, fils d'Agésilas.

(3) Elle date de 1559, et Bayart périt de la main de l'ennemi en 1524.

XVe et XVIe siècles, et formait une de ces appellations usuelles par lesquelles on désignait un guerrier renommé par ses exploits et distingué par une grande autorité morale, réunissant en un mot la double qualité d'être une épée puissante et une âme loyale et honnête. Qu'on lise les discours XII et XVII des *Grands capitaines français* de Brantôme, et l'on y verra nommés *sans peur et sans reproche :* Louis de la Trémoille (1), le sieur de la Crotte et le capitaine de Fontrailles (2). Il en est de même pour un propos qui se disait de Bayart, *peu de Bayarts*, *pocos Bayardos* en espagnol ; ce propos s'appliquait aux chefs célèbres, et plus d'un siècle après l'ennemi l'emploie encore par rapport à Gassion (3).

Le troisième rapprochement c'est que Bayart défend seul un pont : rappelons ce trait de sa vie. Dans la campagne sur le Garigliano, en 1503, tout dépendait du passage de cette rivière et l'armée française venait enfin de réussir à jeter un pont de bateaux (4), non loin de ces ruines de Minturnes auxquelles se lie le nom de Marius malheureux : Bayart logé près

(1) On attribue à Jean Bouchet un *Panégyrique du Chevalier sans reproche, messire Louis de la Trimouille*, qui aurait été imprimé à Poitiers en 1527.

(2) « On appelloit communément Messieurs de Bayard, de la Crotte et le capitaine de Fontrailles, *chevaliers sans peur et sans reproche ;* qualité certes très-belle, et des plus belles du monde, à qui l'a mérité porter, voire plus que tous les noms des seigneuries du monde. » Brantôme, *Vie de Monsieur de la Crotte.*

(3) Un dicton semblable s'appliquait à M. de Montmoreau : on lit, en effet, dans la courte notice consacrée à ce guerrier par Brantôme, qu'on disait au temps de Bayart : « *Peu de Bayards et peu de Moreaux pareils à ces deux là.* »

(4) Il semblerait qu'il existait un pont sur le Garigliano non loin de là. Courier dit, en effet : « Je passai sur le pont que Bayart

de ce pont que personne ne gardait, voit bientôt deux cents cavaliers espagnols s'y diriger à toute bride : si on les laisse profiter de ce point de passage, notre armée se trouve tournée. Le chevalier envoie un gentilhomme (1), qui stationnait à ses côtés, chercher du secours, puis se jette sur le pont, renverse quatre cavaliers, tue leur capitaine qui se précipite contre lui pour les venger ; enfin il s'accule à la barrière du pont et se défend à grands coups d'épée, sans se douter qu'il accomplit autre chose que son simple devoir. Les Espagnols le considèrent et l'admirent, tandis qu'il soutient ce combat inégal assez longtemps pour que cent hommes d'armes français arrivent enfin à son aide.

Ce fait a souvent été répété, mais qu'il nous suffise, pour ne pas allonger inutilement ces pages, de dire : Bayard imite ici Boucicaut et Boucicaut Horatius Coclès, puis de le justifier.

Boucicaut se fait remarquer en effet au siége du Bras de Saint-Pau (1387), place de Guyenne, à laquelle le duc de Bourbon fait donner un prompt assaut. Il se jette dans le fossé, et, au moyen d'une échelle, se hisse sur un pont de la ville ; comme un grand nombre d'assiégeants le suit, dès qu'il juge la foule assez compacte, il tire l'échelle. Le pont étant découvert et en butte aux traits et aux pierres lancées des deux tours, qui le flanquent suivant l'usage, Boucicaut et les siens souffrent beaucoup ; ils souffrent encore plus lorsque la garnison, ayant ouvert la porte, vient sur eux l'épée ou la lance à la main. Le combat devient sanglant ; les Français,

défendit seul contre les Espagnols, il est long et si étroit que deux voitures ne peuvent y passer de front. » *Lettres de Paul-Louis Courier*, de Barletta, le 24 mai 1805.

(1) Pierre de Tardes.

quoique inférieurs en force, le soutiennent longtemps ; enfin la multitude l'emporte et ils sont contraints de regagner le fossé. Boucicaut, *resté seul sur le pont*, se défend encore ; sa bravoure donne de l'admiration à ses ennemis et leur inspire une telle terreur que n'osant l'approcher, ils arcboutent contre son corps une forêt de lances et de poutres avec laquelle ils le renversent dans le fossé. Le lendemain cette terreur durait encore, et, dès qu'il revient à la charge, les assiégés battent la chamade.

Horatius Coclès se distingue par un acte semblable contre l'armée de Porsenna, roi de Clusium, qui marche sur Rome en faveur des Tarquins. Ecoutons à son sujet Tite-Live ; l'action s'y trouve dramatiquement exposée dans un récit que nous abrègerons. « ... Un pont de bois allait donner passage à l'ennemi sans un seul homme, Horatius Coclès, chargé de sa garde... Apercevant les adversaires qui accouraient à pas précipités, il arrête quelques-uns de ses compagnons effrayés et s'oppose à leur retraite... Il s'élance ensuite à la tête du pont, résiste aux Étrusques et les frappe de stupeur par ce prodige d'audace. L'honneur avait retenu près de lui deux Romains. Il soutint d'abord avec eux le premier choc, mais ceux qui rompaient le pont les ayant rappelés, il force ses deux compagnons de se retirer par un étroit passage qu'on avait conservé à dessein... Les Étrusques, après un moment d'hésitation, poussent un grand cri et font pleuvoir sur un seul homme une nuée de javelots : tous les traits demeurent attachés au bouclier dont il se couvre. Quand ils voient qu'inébranlable dans ses résolutions et ferme dans sa résistance, il demeure maître du pont qu'il parcourt à grands pas, les ennemis cherchent, en se jetant sur lui, à le précipiter dans le fleuve ; mais tout-à-coup le fracas du pont qui se brise, et les cris que poussent les Romains, joyeux du succès de leurs efforts, les glacent d'épouvante, et arrêtent leur impétuosité. Alors Coclès : « Dieu du Tibre, s'écrie-t-il, père de Rome, je t'implore. Reçois avec bonté dans tes flots ces armes et ce soldat ! » Il dit, se précipite tout armé dans le fleuve, et, le traversant à la nage, au milieu d'une grêle de flèches qu'on lui lance de l'autre rive sans pouvoir l'atteindre, il rejoint ses concitoyens, après avoir osé un exploit qui trouvera dans la postérité plus d'admiration que de créance (1). »

(1) Tite-Live, *Histoire romaine*, livre II, ch. x. (Traduction de la collection Nisard).

---

§ III.

FAITS APPARTENANT A L'HISTOIRE MODERNE.

I. — MACHIAVEL.

Au chapitre x du livre II de son *Discours sur la première décade de Tite-Live,* Machiavel opine ainsi : « A la guerre, l'argent est nécessaire sans doute, mais ce n'est qu'une nécessité secondaire, que les bons soldats savent toujours surmonter par leur vaillance ; parce qu'il est aussi impossible à une armée courageuse de manquer d'argent, qu'il l'est à l'argent seul de trouver de bons soldats. » Cette opinion du profond penseur de Florence ne lui appartient pas; Alexandre le Grand, dont il parle dans le chapitre susdit, et dont il connaissait la carrière et les paroles, car rien ne lui manquait en fait de connaissances relatives à l'antiquité, Alexandre, disons-nous, l'exprimait, avant la bataille d'Arbelles, à l'un de ses officiers, Polydamas, qui lui apportait, de la part de Parménion, la nouvelle que mille chevaux ennemis venaient de passer sur les derrières de l'armée pour piller les bagages : « Va dire à Parménion, lui prescrivait-il, que si nous remportons la victoire, nous recouvrerons ce qui nous appartient, et deviendrons encore les maîtres de ce que possède l'ennemi. Qu'il se garde donc d'éloigner la moindre partie de ses forces du champ de bataille, mais que, digne de mon père Philippe et de moi, il sache mépriser les bagages et combattre vaillamment (1). »

(1) Voyez *Quinte-Curce*. IV, 15. En supposant que Quinte-Curce, habile à *orner* l'histoire, ait prêté cette opinion à son héros, elle resterait antérieure à Machiavel.

II. — FRANÇOIS Ier.

Lorsque le roi François Ier, possédant le Hainaut, refuse (1521) d'attaquer la queue de l'armée de Charles-Quint, qui se retirait de Valenciennes à son approche, il imite Agésilas dédaignant de charger les Béotiens par derrière et choisissant une attaque sur leur tête, afin de ne pas montrer plus d'art que de vaillance.

III. — LE MARÉCHAL DE BRISSAC.

En 1556, au siége de Vignale, dans le Montferrat, un bâtard de la maison de Boissy, sans doute volontaire dans une bande d'infanterie, quitta sa troupe sans ordre, et, l'arquebuse au poing, marcha courageusement vers la brèche, y déchargea son arme, puis combattit vaillamment de l'épée sans être blessé. Son exemple entraîna ses compagnons, et le chef de notre armée, le maréchal de Brissac, se vit obligé de donner le signal de l'assaut, après avoir en vain ordonné d'arrêter ce mouvement désordonné. L'élan était donné, la brèche fut forcée, la ville prise au bout d'une heure. Le vainqueur prescrivit de raser la place et traita bien le chef ennemi. Quant à ses troupes, voici quelle fut sa conduite ; j'emprunte le récit d'un témoin oculaire : « Le maréchal, faisant semblant d'admirer la valeur de celuy qui estoit allé à la bresche sans commandement, promit de lui faire du bien s'il le recognoissoit. Cette amorce prit si bien feu que le pauvre Boissy se vint presenter par la main de son capitaine. Soudain le maréchal, au lieu de le recompenser, le fit mettre es mains du prevost... Quinze jours après, il fit appeler au conseil tous les seigneurs de l'armée, auxquels il rappela le commandement qu'il avoit faict de n'aller à l'assaut auparavant le coup de trompette : l'audace et la témérité de Boissy à violer les loix militaires en une affaire si dangereuse qu'estoit l'ordonnance d'un assaut : que cette faute estoit si grande qu'elle ne pouvoit estre expiée que par la mort... Toutefois que le coupable estant sorty, quoique de travers, de la maison de feu madame sa mère, il leur en remettoit le jugement, auquel il les prioit tous de procéder hors toute passion. Les choses debattues par commune voix, il fut jugé coupable de mort. Lors le mareschal manda le prevost et Boissy ensemble, et tint ce propos : « Boissy..., la loy mili- « taire qui doit servir de guide à toy et à moy, et que tu as si « inconsidérément violée, a faict que par les voix de tous ces « seigneurs tu as été jugé digne du dernier supplice. Mais « moy, prenant et mesnageant l'entre-deux de la faute ou de « la grace, je t'ai faict porter la dureté d'une ignominieuse « prison pour expier ton péché et ta faute : et d'austre côté « embrassant la miséricorde, et considérant que la valeur « plutôt que la malice t'avoit faict tomber en cette désobéis- « sance, je te la veux aujourd'hui pardonner (1). » Et le maréchal accompagna son acte de clémence du don d'une chaîne d'or, d'un cheval d'Espagne et d'un courtaut dont il gratifia Boissy.

Ce trait du maréchal de Brissac rappelle celui de Bélisaire

(1) *Mémoires de Boyvin du Villars* sur les guerres demelées tant en Piémont qu'au Montferrat et duché de Milan, par feu le maréchal de Brissac de 1550 à 1559. Paris, 1606, pages 513 et 514. C'est l'auteur, remarquons-le, qui mit au cou de Boissy la chaîne d'or à lui décernée comme récompense. — Nous avons rajeuni le style.

voulant, en 531, avant la bataille de Callinique, destituer Sunica, chef de ses auxiliaires, qui avait attaqué, avec succès, il est vrai, mais sans ordre. La cour d'Orient s'opposa, rapporte-t-on, à cette destitution, mais l'exemple subsistait, et la sévérité de Bélisaire se trouvait ainsi notifiée à ses troupes : ce grand général savait, d'ailleurs, dans les affaires militaires, mettre une limite à sa condescendance envers son souverain et montrer vis-à-vis de lui de la fermeté (1).

La conduite de Brissac et de Bélisaire n'est qu'une imitation. Au siége de Lacédémone par Epaminondas, un jeune Thébain, nommé Isadas, se distingua. Ce jeune homme était accouru de sa maison nu et sans armes défensives ; il combattit ainsi un javelot d'une main, de l'autre une épée, chargea les ennemis, frappa de tous côtés, et cela *sans recevoir une blessure*, tout comme Boissy devant Vignale. Les Ephores lui décernèrent une couronne pour son brillant courage, et lui infligèrent une amende de mille drachmes pour avoir lutté sans son armure (2). On dirait que le maréchal de Brissac gardait souvenance de ce qui concerne Isadas (3).

IV. — LE CAPITAINE BLANCHARD.

On lit dans un récit de ce qui s'est passé en Bretagne durant les guerres de la Ligue (4), que, dans un combat livré

(1) Reportez-vous à la fin du *Portrait militaire* de Bélisaire.

(2) Plutarque, *Vie d'Agésilas*.

(3) On lit un fait analogue dans les *Commentaires de Mendoça sur la guerre des Pays-Bas* (1567-1577) ; édition de MM. Loumier et le colonel Guillaume, Bruxelles, 1863, t. II, p. 252.

(4) Par le chanoine Moreau. Brest, 1836, p. 30.

près de Saintes en 1586, le capitaine Blanchard, lieutenant du duc de Mercœur, menacé d'être assailli en plaine par un corps supérieur de protestants, harangua les siens, et, sur la riposte de plusieurs qu'il avait un cheval et peut-être les laisserait à la boucherie en se sauvant au moyen de sa monture, mit pied à terre et coupa les jambes au pauvre animal, afin de prouver à ses soldats qu'il ne voulait courir une fortune particulière ou meilleure; sa résolution virile enflamma son détachement, auquel la victoire resta. En agissant de la sorte, le capitaine Blanchard répétait un fait déjà souvent accompli.

Brantôme nous raconte, en effet, que le matin de la bataille de Cérisoles (1544), M. de Taix fit attacher son cheval à un arbre et prescrivit à deux ou trois soldats de tirer des arquebusades sur cet animal et de le tuer. Sa charge de colonel-général de l'infanterie française appelait en effet ce seigneur à se mettre en tête du bataillon formé par l'infanterie, à la distance d'une pique et armé de toutes pièces, et, sans doute, il voulait, pour encourager les siens, montrer à tous qu'il ne faillirait point à l'honneur de ce poste, et saurait, comme François Ier dans la journée de Marignan, combattre à pied.

Ce trait paraît une répétition de celui du comte Ludovic Lodron qui, envoyé par Charles-Quint combattre dans les troupes de son frère le roi Ferdinand, lutta en Hongrie contre les Turcs du grand Soliman, et finalement non loin de la ville de Gara et du pont d'Essek. Là, dans une chaude affaire, la plupart des chrétiens prirent la fuite. Le noyau des braves qui demeura, élut pour général le comte Lodron. En vain il déclara n'être pas digne de ce choix : vaincu de prières, il dut finir par accepter. Comme il exhortait les siens à bien faire, un vieux soldat vint à lui et dit : « Cela est aisé à promettre à vous, brave capitaine Lodron, à vous qui êtes monté à l'avantage sur un bon cheval, et semble que déjà vous advisiez à vous sauver. » Afin de pourvoir à ce reproche, Lodron mit pied à terre, tira son épée et coupa les jarrets de son cheval. Cela fait il jeta ces mots à son entourage : « Compagnons aujourd'hui vous m'aurez pour capitaine et pour soldat tout ensemble, à combattre à pied avec vous en même fortune. »

La conduite de Lodron n'est elle-même qu'une imitation de celle tenue par Spartacus avant la bataille de Rhegium (71 ans avant Jésus-Christ (1).

Le plus curieux de ce rapprochement c'est que les deux généraux dont la conduite fut identique, Spartacus et le comte Lodron, succombèrent tous deux aux blessures reçues pendant l'action qui suivit leur acte d'abnégation et de bon exemple (2).

Nous aurions pu comparer le comte Lodron à Xénophon auquel il arriva également de mettre pied à terre sur l'observation désobligeante d'un hoplite qui lui objectait : « Vous

(1) Suivant Plutarque *(Vie de Crassus)*, Spartacus aurait dit en tuant son cheval : « Vainqueur, j'aurai beaucoup de beaux chevaux de l'ennemi ; vaincu, je n'en ai plus besoin. » A ce dernier point de vue, il *imite* le mot d'Alexandre cité dans le 1er article de ce §.

(2) Lors de son premier combat contre les Helvètes, César avait « renvoyé tous les chevaux, *à commencer par le sien*, afin de rendre le péril égal pour tous et la fuite impossible. » *Commentaires de César*, *Guerre des Gaules*, l. xxv. — Alexandre Sévère, conduisant contre les Barbares Ovinius, auquel il venait de concéder le partage de la pourpre, marcha constamment à pied et invita son nouveau collègue à en faire autant ; mais, abdiquant pour cela même, celui-ci ne put soutenir cette fatigue pendant plus de cinq milles. *Alexandre Sévère*, par Lampride, ch. XLVII, dans l'*Histoire Auguste*.

parlez à votre aise de fatigue, un cheval vous porte (1). »

L'histoire d'Angleterre offre un fait semblable. Au début de la bataille de Towton (1461), Warwick tue son cheval devant les soldats et s'écrie : « Se sauve qui voudra, mais je jure par cette croix (et il regardait celle formée par la poignée de son épée), je jure que je tiendrai bon près de celui qui tiendra près de moi. » Et la victoire récompense son serment et sa confiance.

Au temps des Croisades, Joinville lui-même avait été obligé de mettre pied à terre pour encourager les siens qui murmuraient à ses oreilles : « Vous êtes à cheval pour vous enfuir. »

Disons enfin que des armées entières ont souvent contraint leurs chefs à combattre à pied ; c'est ce qui arriva par exemple aux chefs des Germains avant la bataille de Strasbourg (356 depuis Jésus-Christ), gagnée par Julien (2).

V. — CRIVELLI.

Le comte Crivelli, de Milan, mit sur pied, au profit de Charles-Quint, un régiment composé de 400 de ses parents : Moriggi cite ce fait dans son traité *Dellà nobiltà di Milano*, publié en 1595.

Déjà en 1171, dans l'expédition dirigée par Venise contre

(1) Xénophon, *Retraite des Dix-Mille*, livre III. Au milieu des guerres de la Vendée, une anecdote veut que, dans un cas semblable, le général Chérin ait fait mieux encore ; il céda son cheval au premier grognard qui l'interpella. Bientôt une balle atteignit à la tête le cavalier improvisé et le renversa ; le général, remontant en selle, se contenta de dire froidement à ses soldats : « Vous voyez que ce n'est pas tout bénéfice que d'être à cheval. »

(2) Ammien Marcellin, XVI, 12.

l'empire grec, la famille Justiniani avait voulu marcher tout entière ; son contingent montait à 100 combattants.

Ces deux actes d'un dévouement magnifique rappellent les 306 Fabius partant tous de Rome, l'an 277 depuis la fondation de cette ville, pour faire la guerre contre les Véiens : une charge aussi généreusement acceptée ne fut pas propice à leur famille, malgré l'aide de 5,000 de leurs clients, car trop de présomption les fit tomber dans une embuscade où ils périrent jusqu'au dernier.

VI. — BUSSY.

Tallemant des Reaux, dans l'histoire du comte de Montsoreau, rapporte que Bussy d'Amboise, allant voir des bêtes en compagnie de dames, l'une d'elles laissa tomber son gant dans la loge d'un lion et l'obligea de l'y aller chercher. Tirant son épée, il entra près de l'animal et revint avec l'objet perdu, non sans toutefois en frapper amicalement la joue de l'imprudente, disant : « Une autre fois n'engagez pas à propos les gens de cœur. »

Peu d'années après, le brave Crillon répéta un mot semblable. On était à Marseille. Le duc de Guise, gouverneur de Provence et jeune encore, car il lui servait de mentor, imagine de s'assurer si ce célèbre guerrier pouvait avoir peur. Au milieu de la nuit, il fait donner l'alarme, et conduire des chevaux à sa porte. Puis il monte chez Crillon : « Tout est perdu, lui dit-il, les ennemis viennent de pénétrer dans la ville et de se rendre maîtres des portes. J'ai là deux chevaux, sauvons-nous pour ne pas devenir prisonniers. » Crillon demande ses habits et ses armes, disant : « Il y a mieux à faire encore, périr en combattant plutôt que de survivre au déshonneur. — Bien répondu, digne chevalier, ajoute alors le jeune duc, mais demeurez tranquille, mon alerte n'est qu'une plaisanterie. » A ces mots le village de Crillon se rembrunit ; il saisit le bras du duc et le secouant fortement : « Ne sondes plus le cœur d'un homme de bien, jeune homme, car, foi de Crillon, si tu m'avais trouvé faible, je te poignardais sur l'heure. »

VII. — FARNÈSE.

En 1586, lors de la prise de Nuiz, dont il abandonna la population à la rage de ses soldats italiens et espagnols, Alexandre Farnèse ne voulut pas voir la femme du gouverneur (1) dont on lui avait vanté la beauté extraordinaire et la renvoya avec sa sœur et ses filles, sous la conduite d'une escorte sûre. Ce trait rappelle celui de Scipion et paraît en être une imitation, car Strada, en le racontant, prend soin de rappeler que Farnèse était *l'admirateur* de Scipion (2). Cet historien trouve son héros plus chaste que Scipion, parce que ce dernier contempla la captive à laquelle il rendit ensuite généreusement et sa liberté et son époux, mais ces regards incriminés du chef romain témoignent plus encore combien il savait prendre sur lui-même, et d'ailleurs Scipion ne fut pas maître de refuser de recevoir la jeune femme, puisque ses légionnaires, connaissant son faible, la lui amenèrent sans

(1) Ce gouverneur, nommé Cloet, venait d'être étranglé et son corps pendu à une fenêtre pour assouvir la fureur de la soldatesque.

(2) Reportez-vous au livre VIII de la deuxième décade de l'*Histoire de la guerre de Flandre*, par Flaminius Strada.

le consulter (1). Mais il suffit d'indiquer de semblables divergences, qui ont jadis enfanté tant de déclamations, et je ne veux ni renouveler ces dernières, ni faire intervenir dans le débat Alexandre-le-Grand et la femme de Darius.

Rappelons, relativement à Farnèse, que ce général, au siége d'Anvers, a fermé l'Escaut, par un pont grandiose, comme Alexandre-le-Grand a fermé le port de Tyr pour se rendre maître de cette place maritime.

VIII. — UN SOLDAT ESPAGNOL.

Strada rapporte à cette même date de 1586, au sujet de la prise par les Anglais d'un des forts de Zutphen (2), l'action d'un soldat Espagnol comparée à celle d'un soldat Romain, et cette comparaison rentre trop dans notre thèse pour ne pas la citer. « Il ne faut pas oublier, dit-il, en parlant de cette prise, les actions illustres de deux soldats de chaque party, qu'on pourroit sans doute égaler aux anciennes, si comme nous admirons tout ce qu'a fait l'Antiquité, nous n'estions point envieux des belles actions de notre siècle, ou qu'au moins nous ne fussions pas si négligens à les écrire. Lorsque le front du bastion, dont je viens de parler, eut esté renversé, le combat s'augmenta entre les assiégeants et les assiégés. Un soldat de Tolède de la compagnie de Verdugo en défendoit une partie, et parce que l'on n'a point sceu son nom, toute la gloire qui lut estoit deuë, a tourné à la gloire de la nation et de la patrie. Comme il empeschoit les ennemis de monter avec une halebarde qu'il tenoit en main et qu'il en

(1) Tite-Live, xx.

(2) Celui au-delà de l'Issel.

faisoit sentir la furie à tous ceux qui se présentoyent devant lui, il eut la main droite coupée, néantmoins il retint sa halebarde de l'autre main, et se retira tant soit peu du combat, non pas pour chercher un remède, mais afin de lier sa halebarde au bras dont la main estoit coupée, et de revenir contre l'ennemy. Ainsi ayant repris son poste plus animé par sa blessure, et conduisant le bras droit avecque le gauche, il commença à manier sa halebarde, non seulement avec tant d'adresse, bien qu'il eust la main droite coupée, mais encore avec tant de force, que loing de juger qu'il manquoit d'une main, on eust dit qu'il en avoit une troisième. Il demeura ferme en cet endroit, ou en tuant les ennemis, ou en leur portant des blessures, ou en les espouvantant par ses menaces et par son courage; et ne quitta point le combat, que les ennemis ne se fussent retirez, désespérant de monter par cet endroit, et ayant esté repoussez en même temps d'un autre costé. Que la réputation de ce généreux soldat passe jusqu'à la postérité avec Attilius (1) ce soldat de César, si renommé par les louanges des anciens, qui ayant eu la main droite coupée auprès de Marseille dans une bataille navale, lorsqu'il pensait prendre un vaisseau, soutint avec son seul bouclier qu'il portait de la main gauche, tous ceux qui se présentoient devant luy, et les espouventa de telle sorte par sa mine et par sa furie, qu'il les chassa du vaisseau, et qu'il s'en rendit le maître. Véritablement l'un et l'autre suppléa par son courage à la fonction de sa main. Le Romain transféra l'usage de la droite à la gauche, mais l'Espagnol, ne voulant pas seulement laisser à celui qui l'avait frappé, le moyen de s'en glorifier, rendit la vigueur à sa main, et fit servir sa perte mesme avec plus de force et de courage à la confusion de

(1) *Acilius*, de la 10ᵉ légion.

l'ennemi. De sorte que comme l'action du soldat de Tolède n'est pas moindre que celle du Romain, nous pouvons raisonnablement l'appeler l'Attilius de Tolède tant qu'il n'aura point d'autre nom. »

Strada eut pu continuer sa comparaison et rapprocher la conduite du soldat de Farnèse et du soldat de César, de celle d'un soldat de Thémistocle. Nous voulons parler de la bataille de Salamine et du héros qui, nageant près d'un navire ennemi, s'y accroche d'une main pour se hisser, reçoit un coup de hache qui lui enlève la main, voit celle-ci tranchée d'un autre coup, et alors, dans sa fureur, prend le bord du bâtiment perse avec ses dents, et, mutilé, cherche encore, par ce moyen extrême, à parvenir sur le pont et à nuire aux adversaires de sa patrie : ce héros s'appelait l'athénien Cynégire.

IX. — HENRI IV.

Le roi de France Henri IV, guerrier habile, avait dans ses dispositifs pour la bataille d'Ivry (1590) fait avancer sa gauche de 120 mètres, afin d'avoir le soleil à dos. Marius avait agi de même contre les Cimbres et cela le 30 juillet, c'est-à-dire en plein été, ce qui incommoda fort ces barbares endurcis contre le froid, mais sans énergie contre la chaleur ; Plutarque nous l'apprend, et l'on sait que Henri IV aimait cet auteur et se félicitait de ce que sa mère l'eut mis de bonne heure entre ses mains.

A la bataille de Nieuport (1600), Maurice de Nassau eut la même habileté que Marius et Henri IV : il tourna le soleil et le vent en sa faveur. « Les Espagnols, nous apprend en effet le cardinal de Bentivoglio, dans son *Histoire des guerres de Flandre*, arrivèrent sur le champ de bataille harassés d'une longue marche faite par un chemin fatigant. Le soleil tournant alors au couchant leur donnait en plein visage et les brûlait. Pour comble d'incommodité, un vent assez fort leur jetait dans les yeux le sable enflammé sur lequel ils marchaient. Maurice se trouvait au contraire dans une situation favorable. »

X. — GUSTAVE-ADOLPHE.

En 1630 le roi de Suède Gustave-Adolphe cache aux Impériaux les préparatifs de son passage du Lech. « L'épaisse fumée, rapporte Schiller, dans son *Histoire de la guerre de Trente-Ans*, produite par les énormes amas de bois vert, de paille mouillée, entassés et allumés à cet effet, dérobe les travailleurs à la vue des Bavarois, tandis que les détonations de l'artillerie couvrent le bruit (1). »

Charles XII recourt au même procédé pour franchir la Dwina, quoique Frédéric lui fasse l'honneur (2) d'appeler ce stratagème *nouveau* et de lui en attribuer l'invention.

Hâtons-nous d'ajouter qu'un pareil moyen n'aurait plus d'importance aujourd'hui : on chercherait une cause à cette fumée extraordinaire et sans doute un bon état-major la découvrirait (3).

(1) Schiller relate aussi l'une des causes qui, dans cette opération, assurèrent la supériorité des Suédois ; la rive sur laquelle ils se trouvaient *dominait* celle qu'ils voulaient atteindre, circonstance qui procurait à leur artillerie un avantage marqué.

(2) Dans ses *Réflexions sur Charles XII.*

(3) Voyez Carrion-Nisas, *Essai d'une histoire générale de l'art militaire*, t. I, p. 240, 241. Bardin considère la formation tactique de Gustave Adolphe comme étant « peut-être une *imitation* perfectionnée de l'*acies cuneata* » des anciens. *Dictionnaire de l'armée de terre*, p. 1345.

XI. — BERNARD DE SAXE-WEIMAR.

Le duc de Saxe-Weimar, chef de cette armée weimarienne prise à sa solde par la France, et d'abord placée sous les ordres de Turenne, celui-là même qui prit une part importante à la dernière période de la guerre de Trente-Ans, avait auprès de lui, lors de sa mort (1639), le comte de Guébriant, alors maréchal de camp, depuis maréchal de France, qui commandait les Français envoyés à son aide : il lui laissa en expirant son épée, son cheval de bataille, ses pistolets (1), c'est-à-dire les insignes de son commandement, ce qui revenait à le désigner comme son successeur.

Ce trait rappelle Alexandre le Grand remettant en mourant son anneau à Perdicas comme au plus digne de le remplacer en qualité de Souverain et de Chef de l'armée des Grecs.

XII. — LE PRINCE ROBERT.

Le prince Robert, à la bataille de Naseby (1645) imita, sans le savoir, Antiochus à Raphée. En effet, il attaqua vigoureusement l'aile gauche des ennemis, la défit et s'abandonna à sa poursuite. Quand il revint, l'aile gauche du roi avait cédé aux coups de Cromwell, s'était séparée du centre, et il devint impossible au roi et au prince de rallier leur armée. Si ce dernier eut connu le fait historique de Raphée, il se fut sans doute gardé de cette faute, à moins que sa fougue ne l'eût emporté, et ce résultat montre une fois de

(1) *Histoire de Guebriant*, par Le Laboureur, p. 126.

plus l'utilité de l'étude de l'histoire pour les princes et les chefs d'armées, car l'histoire lui eût appris que non-seulement Antiochus au retour de sa poursuite inconsidérée, trouva le reste de son armée dispersé et vaincu, mais put à peine assurer la retraite des siens.

XIII. — UN GOUVERNEUR RUSSE EN 1661.

A la fin de 1661, la place de Wilna fut reprise par les Polonais sur les Moscovites, et deux officiers français, La Couettière et Saint-Jean contribuèrent à ce succès. Le gouverneur russe fut condamné à mort par les vainqueurs, et son cuisinier contraint de l'égorger faute de bourreau. On lui reprochait une cruauté inouïe, celle d'avoir chargé ses canons de corps humains. Si ce fait est vrai (1), ce serait une imitation de La Palice qui, lors du siége de Padoue (1509), fit mettre un canonier dans un mortier et l'envoya broyé au milieu de la ville ; mais cette fois il s'agissait d'un traître pris en flagrant délit.

XIV. — UN SOLDAT DE TURENNE.

Un soldat de Turenne (2), trouvant beau le nom de son général, osa s'en affubler et le porter. Dans son audace il croyait avoir accompli une action extraordinaire, unique. Hélas, s'il avait possédé plus d'instruction, il aurait su qu'un soldat du grand Alexandre s'était aussi permis deux mille

(1) M. de Salvandy en doute avec raison, *Histoire de Sobieski*, livre IV.

(2) Voyez sur Turenne les nos XVIII et XX ci-après.

ans plus tôt, de prendre le nom de ce monarque qui lui avait dit : « J'y consens, mais dans les combats souviens-toi que tu es Alexandre. »

XV. — VAUBAN.

Le tir à ricochet des pièces d'artillerie fut inventé par Vauban au siége de Philisbourg (1688) : chacun se rappelle les scrupules du digne ingénieur sur le nom donné à cette invention, nom qui sent un peu, disait-il, la *polissonnerie*, mais on sait moins que ce tir légèrement courbe avait déjà été employé, et que cet emploi préalable a pu, tout autant que l'observation des ricochets produits par les enfants sur l'eau avec des pierres, donner l'éveil à son esprit.

Nous voyons en effet Guillaume le Conquérant ordonner à ses archers pendant la bataille d'Hastings (1), de tirer *en ligne courbe* afin d'atteindre l'ennemi derrière ses retranchements : ce procédé d'un chef du moyen-âge, d'un *barbare*, Hannibal, ce guerrier si fin, si inventif, appartenant à une nation civilisée, ne paraît pas l'avoir connu, puisque, pour lancer des traits par-dessus un parapet, il employait ses cavaliers, dont le bras plus élevé plongeait mieux de l'autre côté du retranchement (2).

Ne quittons pas Vauban sans indiquer qu'il a imité Constantin le Grand.

En effet, suivant Crevier (3), en marchant contre les Francs,

(1) Livrée le 13 octobre 1066.

(2) Consultez le mémoire intitulé *Hannibal en Italie*, 1863, p. 60 et 61. Il s'agit d'un combat sous Capoue livré en 211.

(3) *Histoire des Empereurs romains*, 1771, in-12, tome XII, page 83.

l'an 310 de notre ère, alors qu'ils songeaient à s'établir en Gaule, et cherchant à leur livrer bataille, Constantin « fit un acte de bravoure qui, dans un prince, assure-t-il, a plus besoin d'excuses qu'il ne mérite d'éloges. Déguisé, et seulement accompagné de deux des siens, il s'avança jusqu'au camp des ennemis, et lia conversation avec quelques-uns d'entre eux pour tirer des lumières sur leurs desseins. Plus heureux que prudent, il revint sans avoir été reconnu ; et, ayant ensuite attaqué les Francs à son avantage, il défit entièrement leurs armées. »

Au siége de Luxembourg, en 1683, Vauban approcha aussi beaucoup des ennemis, à la différence des lieux près, c'est-à-dire en conservant les obstacles entre eux et lui, de la palissade à l'intérieur de la place. Des grenadiers couchés ventre à terre le soutenaient, mais lui, pour mieux voir, se découvrit entièrement, et, dans une de ces reconnaissances téméraires, fut aperçu. Déjà les fusils s'abaissaient prêts à l'ajuster. Il fit simplement signe de la main aux ennemis de ne pas tirer et s'avança plus encore vers eux. Ils le prirent sans doute pour un des leurs, relevèrent leurs armes et le laissèrent achever paisiblement son opération. Vauban arrivé aux palissades examina le chemin couvert, sonda le terrain du glacis, et revint lentement, sauvé par le plus admirable sang-froid joint à un excès de temérité tel qu'il était difficile d'y croire.

XVI. — CONDÉ.

Après la journée de Rocroy, voyant le corps du comte de Fontaines, son adversaire, Condé s'écria, prétend-on : « Si je n'étais vainqueur, je voudrais être mort comme lui ! » Ce propos semble une réminiscence de celui de Henri II qui, joyeux de la valeur du fils aîné de sa gouvernante, disait : « Si je n'étais le Dauphin, je voudrais être Brissac! » Et le dire du roi de France Henri II n'est qu'une répétition du fameux mot d'Alexandre le Grand : « Si je n'étais Alexandre, je voudrais être Hephestion! » On relate ce dernier propos d'une façon différente, mais le fond demeure le même. La mère de Darius, amenée avec la femme de ce prince auprès d'Alexandre, se serait jetée aux genoux d'Hephestion, puis, avertie de son erreur, se serait excusée : « Vous ne vous trompez pas ma mère, aurait dit alors le vainqueur, celui-là est aussi Alexandre (1). »

XVII. — CATINAT.

Catinat était aimé des soldats qui l'appelaient *le Père la Pensée*, par allusion à son caractère réfléchi, ou simplement *le Père*.

Plusieurs grands généraux ont mérité ce surnom ; citons à ce sujet Turenne. Pour l'obtenir, il n'est pas même nécessaire d'unir, à de grands talents militaires, la bienveillance et l'humanité, puisque le duc d'Albe lui-même, ce rude exé-

(1) Il ne faut pas confondre les mots d'Alexandre relatifs à Hephestion et à Parménion. Nous rapportons le premier dans le texte. Quant au second, le voici : Parménion, conseillant à son roi d'accepter de Darius la main de sa fille et l'Asie jusqu'à l'Euphrate, parla de la sorte, suivant Arrien (II, VII) : « J'accepterais si j'étais Alexandre, et mettrais fin à la guerre. — Et moi, riposta le vainqueur d'Arbelles, si j'étais Parménion. » Quinte-Curce (IV, XI) rapporte en ces termes cette dernière réponse : « Et moi aussi j'aimerais mieux l'argent que la gloire, si j'étais Parménion. »

cuteur des volontés de l'inflexible Philippe II, en fut décoré par son armée.

Je puis montrer Catinat imitateur en deux autres circonstances.

En 1705 il refuse le collier de l'ordre du Saint-Esprit que Louis XIV octroyait à tous les maréchaux de France ; on n'a pu pénétrer entièrement dans les motifs de ce refus, mais il est formel. Le maréchal de Fabert avait également refusé le cordon bleu en 1661 comme ne possédant que deux degrés de noblesse (1) sur les quatre exigés. Le fameux baron des Adrets, de réputation si différente avait déjà refusé en 1563 l'ordre de Saint-Michel que lui concédait Charles IX, et cela sous le prétexte « qu'ayant fait profession de la religion réformée, il ne méritoit pas cet honneur (2). »

A Staffarde, un des aides de camp de Catinat vient le prévenir que les ennemis se montrent très-nombreux, mais lui, relevant le propos vis-à-vis de ses soldats, répond fièrement : « Je ne vous demande pas combien ils sont, mais où ils sont. » C'est à peu près le mot d'un vétéran espagnol ripostant à un jeune soldat qui s'effrayait à la vue de *tant de Mores :* « Tais-toi, plus il y aura d'ennemis, plus il nous en reviendra de profit et de gloire (3). » C'est mieux une imitation du mot de Pélopidas : « Plus ils seront, plus nous en tuerons. »

(1) Son père, échevin de Metz, avait été anobli.

(2) *Vie du baron des Adrets*, par Guy Allard, 1675, Grenoble, in-16, p. 66. Le refus de des Adrets est d'autant plus singulier que ce seigneur changea de parti suivant son intérêt ; était-ce pour se ménager de pouvoir retourner encore aux protestants ? Rappelons, au sujet du double refus de Catinat et du baron des Adrets, que le consul Fulvius Flaccus avait refusé l'honneur du triomphe à lui décerné par le Sénat, et Erasme le chapeau de cardinal.

(3) Brantôme, *Rodomontades espagnoles*, p. 55.

XVIII. — L'ELECTEUR PALATIN EN 1674.

L'incendie du Palatinat par les Français dans la campagne de 1674 donna lieu à un épisode qui rentre dans la catégorie des faits retracés en ce mémoire. Outré et plein de douleur, l'Électeur palatin adressa la lettre suivante à Turenne, son parent, chef de notre armée :

« *A Frédéricksbourg, ce* 27 *juillet* 1674.

« L'embrasement de mes bourgs et villages est une chose si extraordinaire et si indigne d'une personne de votre qualité, que je suis en peine d'en imaginer les raisons..... Je ne laisse pas d'être surpris d'un procédé si peu conforme aux lois de la guerre parmi les chrétiens et aux assurances que vous m'avez tant de fois données de votre amitié : il me semble qu'à toute rigueur on ne met le feu qu'aux lieux qui refusent des contributions, et vous savez que vous n'en avez point demandé à ceux que vous avez fait réduire en cendres... Quand même ceux qui ont mutilé les corps morts de vos soldats seraient de mes sujets, je ne saurais croire que l'inhumanité de quelques particuliers, laquelle j'aurais sévèrement punie, vous dût obliger à ruiner tant de familles innocentes... Je pense que le Roi Très-Chrétien vous permettra bien le loisir de vous satisfaire présentement de vous à moi et que vous ne manquerez pas de m'assigner par ce porteur le temps, le lieu et la manière dont nous nous servirons pour nous satisfaire... Je vous fais cette demande par un désir de vengeance que je dois à ma patrie... »

A ce cartel en forme, Turenne, avec sa modération habituelle, répondit simplement :

« J'ai reçu la lettre que Votre Altesse Electorale m'a fait l'honneur de m'écrire ; je la peux assurer que le feu qui a été mis dans quelques-uns de ses villages, a été sans aucun ordre, et que des soldats qui ont trouvé de leurs camarades tués d'une assez étrange façon, l'ont fait à des heures qu'on n'a pu l'empêcher. Quand Votre Altesse Electorale voudra bien s'instruire du fait, je ne doute pas qu'elle ne me continue l'honneur de ses bonnes grâces ; n'ayant rien fait qui pût m'en éloigner (1). »

Cette réponse écrite et portée sur-le-champ, ce même jour 27 juillet, le maréchal de Turenne tint le fait secret pendant plus de trois semaines, puis il écrivit à Louvois : « Quand je sortis du Palatinat delà le Rhin, je reçus une lettre de M. l'Electeur Palatin, dont le roi aura assurément ouï parler, car je la lus à ceux qui étaient dans ma chambre. J'en ai gardé l'original et n'en ai point laissé prendre de copies, de peur que cela courût, car je suis assuré que M. l'Electeur Palatin en aura été fâché une heure après. Je lui répondis que j'avais reçu la lettre qu'il m'avait fait l'honneur de m'écrire, et lui mandai ce qui est vrai, que si les soldats avaient brûlé sans ordres quelques villages, c'étaient ceux où ils avaient trouvé des soldats tués par les paysans. Si le roi veut, je vous enverrai la copie de sa lettre ; mais j'ai cru, à cause de Madame, qu'il valait mieux assoupir cela. »

L'Électeur Palatin, dont Turenne avait décliné le cartel, ne songea plus à se venger que les armes à la main (2).

(1) Nous empruntons ces deux lettres à l'*Histoire de Turenne*, par Ramsay, et abrégeons la première.

(2) Je cite dans ce mémoire le fait historique du défi de l'Électeur palatin à Turenne, d'après l'opinion généralement admise en France, et comme une *imitation militaire* d'un fait appartenant à l'histoire romaine. Si c'eût été ici le lieu d'un examen critique.

C'est également le parti auquel s'était arrêté Sertorius, quand Métellus avait refusé de répondre au défi qu'il lui avait adressé (1).

XIX. — EUGÈNE DE SAVOIE.

Un courrier rejoint le prince Eugène de Savoie au moment où il se dispose à livrer la bataille de Zenta, et lui remet une dépêche impériale. Le général de l'Empereur s'étonne d'y trouver une défense formelle de se battre en réponse à la résolution qu'il avait annoncée de le faire ; la défense provenait de ce que le Conseil Aulique avait su la réduction de l'effectif de son armée, qui comptait à peine la moitié des hommes dont elle se composait au départ. Eugène juge néanmoins les choses trop avancées pour reculer, il voit l'honneur engagé, il croit la retraite impossible : aussi, tenant seulement l'ordre de l'Empereur fort secret, il se fie à l'espé-

j'aurais pu discuter la véracité de cette proposition d'un combat singulier faite par un Électeur de l'Empire au chef d'une armée française. Cette proposition a, en effet, été révoquée en doute ; lisez à ce sujet : *Dissertation historique et critique sur le prétendu cartel ou lettre de défi envoyée par Charles-Louis, Électeur Palatin au vicomte de Turenne*, par M. Colini, in-12. Mannheim, de l'imprimerie de l'Académie, 1767.

(1) Métellus, au dire de Plutarque, se trouva en butte aux moqueries de ses soldats à cause de son refus ; cette assertion semble discutable, surtout quand l'écrivain *grec* fait dire aux troupes de Métellus : « Il faut combattre général contre général, *romain contre romain*, » car jamais les Romains n'admirent entre eux le combat singulier, pas plus que le triomphe dans les guerres civiles. Métellus, non content de repousser le cartel de Sertorius, ne tarda pas à mettre sa tête à prix. Lisez *Vie de Sertorius*, par Plutarque.

rance que l'événement justifiera sa conduite et continue les préparatifs de l'action avec autant de calme que s'il n'amassait pas sur sa tête une nouvelle et grave responsabilité. Une victoire récompense son audace.

L'histoire romaine nous offre un trait semblable. Après la prise de Capoue contre les soldats d'Hannibal, les deux consuls Quintus Fulvius et Appius Claudius ne s'accordaient pas sur le traitement à infliger aux sénateurs campaniens. Le premier voulait sévir, le second penchait pour l'indulgence et remettait la décision au Sénat de Rome. Malgré l'avis de son collègue, Fulvius hâta l'événement. Afin, écrit à ce sujet Tite-Live, que nul obstacle « n'empêchât l'accomplissement de ses desseins, Quintus sortit du prétoire et ordonna aux tribuns militaires et aux commandants des alliés de veiller à ce que deux mille cavaliers d'élite soient prêts pour la troisième veille de la nuit. Étant parti à la tête de ce détachement, il entre au point du jour à Tennum, et va droit à la place publique où l'arrivée de cette cavalerie avait fait accourir le peuple. Là il mande le magistrat suprême, et lui ordonne de représenter les Campaniens confiés à sa garde. Ils s'avancent tous; ils sont battus de verges et frappés de la hache (1). De là Fulvius court à Calès de toute la vitesse de son cheval; déjà il était assis sur son tribunal; déjà les Campaniens qu'on lui avait livrés, étaient attachés au poteau, lorsqu'un courrier arrive de Rome en toute hâte et lui remet une dépêche du prêteur C. Calpurnius et un sénatus-consulte. Le bruit se répand au pied du tribunal et dans toute l'assemblée que c'est un ordre de renvoyer au Sénat toute l'affaire des Campaniens. Fulvius, qui le pressentait aussi, prend la lettre, la met sans l'ouvrir, dans son sein, et enjoint au héraut d'ordonner au

(1) Producti omnes, virgisque cæsi, ac securi percussi.

licteur d'agir selon la loi. Ainsi les détenus de Calès sont suppliciés comme ceux de Teanum. Fulvius lit ensuite la lettre et le sénatus-consulte, trop tard pour arrêter cette exécution qu'il avait précipitée (1). »

Louons surtout après la mention de ce trait d'histoire romaine la conduite d'Eugène de Savoie; il désobéit entièrement, *après lecture*, et il le fait en vue d'une victoire que l'instinct de sa supériorité lui promet.

Nous ne laisserons pas le nom d'Eugène de Savoie sans rappeler que sa surprise de Crémone en 1702, lorsqu'il y introduisit des troupes par un aqueduc que lui livrait un traître, surprise dirigée contre les Français et qui échoua, sans rappeler que cette surprise pourrait être envisagée comme une imitation du moyen par lequel Vitigès comptait surprendre Rome, l'an 537 de notre ère, alors qu'il se trouvait à bout de ressources dans un siége soutenu par Bélisaire et par ses vétérans (2).

XX. — UN OFFICIER, UN SOLDAT ET LE CAMOENS.

Sous Louis XIV un colonel inspectait son régiment au moment où un combat allait s'engager ; il remarque un officier dont le teint pâle le frappe, mais, après l'avoir considéré, il passe outre, non sans qu'un sentiment de commisération ne se fût peint sur sa figure. L'officier s'en était aperçu ;

(1) Tite-Live, XXVI, 15. Nous prenons le récit *principal* de l'auteur, qui rapporte un bruit accessoire, suivant lequel « d'autres prétendent que Fulvius lut avant l'exécution le sénatus-consulte qui le laissait juge de l'opportunité du renvoi au Sénat.

(2) Vitigès ne réussit pas plus par ce moyen que par ceux qu'il avait précédemment employés.

lorsque son colonel revient, assez familier pour agir ainsi avec lui, il lui offre une prise et se contente de dire en présentant son tabac d'Espagne, ces paroles allégoriques : « Il est pâle, mais il est fort. »

C'est presque le mot de Turenne, sentant son enveloppe terrestre trembler au moment de charger les ennemis, et disant à son corps que domptait son âme fière et intrépide : « Ah ! carcasse ! tu tremblerais bien davantage si tu savais jusqu'où je vais te mener (1). »

Turenne lui-même n'est pas le premier guerrier ayant éprouvé et exprimé ce sentiment. Un soldat des fameuses bandes espagnoles du XVIe siècle, originaire des îles Canaries, allant à un assaut, paraissait pâle et tremblant. Son capitaine le voit et lui en fait reproche, mais il répond avec assurance : « Mes chairs, comme humaines et sensibles, tremblent parce que mon cœur brave, vaillant et déterminé, les conduit et les entraîne dans un péril où elles ne sauraient plus se reconnaître (2). »

On croirait à l'imitation d'une parole du Camoens, qui avait combattu souvent et exprime par deux fois, dans les *Lusiades*, l'opinion que le signal d'un combat produit chez les guerriers ce double effet « d'enflammer le cœur et de changer la couleur du visage. »

XXI. — LE CURÉ DE GROAIS.

Les Anglais, alléchés par le souvenir du mal qu'ils avaien fait à cette localité en 1696, se représentèrent en 1703, devant

(1) Je dois la connaissance de ce trait à un maître éminent. M. Cousin.

(2) Brantôme, *Rodomontades espagnoles*, p. 41.

la petite île de Groais ou Groix (1). Le curé, homme énergique, réunit toutes les femmes de l'île, les habilla de bleu et de rouge, afin d'imiter des uniformes militaires et en forma plusieurs corps d'infanterie et de cavalerie, ces derniers montés avec des chevaux, ânes, bœufs et vaches. Pour mieux simuler des soldats, ces femmes étaient coiffées de perruques en varech et portaient un long bâton en guise de mousquet. A cette vue l'ennemi crut à la présence d'une troupe nombreuse et n'osa débarquer. Louis XIV accorda au brave prêtre (2) 500 livres de pension et le droit de disposer, en cas d'attaque et à défaut des mesures prises par le gouverneur provincial, de l'artillerie et des gens du pays *comme il le jugerait à propos*.

Ce trait, arrivé dans l'île de Groais, se rencontre antérieurement au milieu des récits de l'histoire. Ainsi le chef chrétien Tadmir, Goth d'origine, combattant contre les Arabes qui envahissaient l'Espagne, après avoir été défait dans la journée de Lorca, et réfugié dans la ville d'Auriola, imagina pour remplacer ses soldats tués sur le champ de bataille, de faire habiller les femmes en hommes et de les faire paraître tout armées sur les tours et les murs avec leurs cheveux croisés pour figurer des barbes (3).

On peut faire croire à un nombre de combattants plus considérable que celui dont on dispose, sans recourir aux femmes. Écoutons Xénophon (4) : « Il est, dit-il, un autre moyen de faire paraître sa cavalerie plus nombreuse, soit que

(1) Sur la côte du Morbihan ; aujourd'hui, 2,500 habitants.

(2) Il se nommait Yves Uzel.

(3) *Historia de la dominacion de los Arabes en España,* por el doctor Conde, primera parte, capitulo xv.

(4) *Le Commandant de la cavalerie*. ch. v, traduction Gail.

tu la tiennes arrêtée, soit que tu la fasses marcher de droite ou de gauche ; c'est de placer les goujats (1) entre les cavaliers en leur mettant à la main ou des lances ou quelque chose qui ressemble à des lances. Nécessairement ainsi la masse du corps de bataille paraîtra plus grande et plus épaisse. »

Le fait de simuler des soldats s'est produit d'autres façons : en voici une.

Frédéric (2) nous cite qu'en 1745, après la bataille de Hohenfriedberg, un poste prussien détaché à Schmirsitz, mit en usage un stratagème pour intimider les Hongrois qui venaient à tour de rôle tirer sur une sentinelle placée près du pont de l'Elbe. Ce stratagème consista dans la fabrication d'un mannequin, habillé en grenadier, et mis au lieu et place de la sentinelle : ce mannequin exécutait divers mouvements au moyen de cordes cachées, et l'on pouvait à une certaine distance le prendre pour un homme. Le soldat de paille posé, les Prussiens se mirent en embuscade. Les Pandours arrivèrent bientôt et, voyant le mannequin tomber au premier coup de fusil, se jetèrent dessus ; mais un feu vif les accueillit de divers côtés, ils furent entourés et obligés de mettre bas les armes. Depuis ce temps le poste demeura tranquille.

Cette façon n'est pas non plus nouvelle. Przemislas avait déjà utilisé des figures de bois pour simuler des soldats, et, certes, en fouillant les chroniques, on retrouverait plus d'un mannequin comptant des services de guerre. Cyrus,

(1) Valets ou esclaves qui, dans la cavalerie comme dans l'infanterie, servaient le soldat grec compris dans le rang et portaient ses munitions.

(2) *Histoire de mon temps*, ch. XIII.

par exemple, en attacha au haut des mâts de sa flotte (1).

Pour multiplier les combattants aux yeux de l'adversaire, on a eu recours également : — au disséminement des tentes sur une grande étendue de terrain et à la multiplication des feux, comme le fit Bélisaire contre Cosroës ; — ou à l'apparition d'un grand nombre de drapeaux, moyen employé par Villeroi ; — ou encore à un fractionnement de soldats accourant tous ensemble de plusieurs côtés à grand renfort de trompettes, comme le prescrivit le marquis de Mons au mois de février 1579 (2).

Rappelons enfin qu'à la bataille de Wirthenfied, livrée au mois de juillet 1638, Guébriant conseilla, pour déloger l'ennemi d'une éminence, d'envoyer, dans un bois, quelques cavaliers avec tambours et trompettes : cette ruse réussit, l'ennemi attiré par ce bruit quitta sa position.

XXII. — MUNICH.

Le feld-maréchal russe Munich imite, dans sa conquête de la Crimée (1736), la tactique d'Antoine contre les Parthes.

Cette tactique consiste à adopter une formation *fermée*, et convient toutes les fois que l'on a contre soi un ennemi qui se présente en flots désordonnés et tourbillonnants.

(1) Frontin, *Les Stratagèmes*, III, 8. On a prétendu également que Cyrus s'était emparé de Sardes en rangeant le long des murs de la ville des figures de soldat faites en bois, ce qui paraît invraisemblable.

(2) *Histoire de la guerre de Flandre*, par Strada, traduction Du Ryer, Paris, 1665, t. II, p. 29. — Bonaparte, dans la troisième journée d'Arcole, fit aussi une démonstration sur le flanc gauche des Autrichiens avec 25 guides munis de trompettes.

Munich longea lentement les rives du Dniéper, « son armée étant presque toujours formée *en bataillon carré*, avec le bagage dans le milieu, » rapporte l'un de ses biographes (1), et c'est dans cet ordre qu'il atteignit enfin les lignes construites pour défendre la presqu'île de Crimée. Chemin faisant (2), ses soldats avaient montré sans peine leur supériorité sur les Tartares, armés de piques et de flèches et combattant en éparpillement.

Lisez dans Plutarque un passage de la *vie d'Antoine*, et vous croirez assister au même récit. En effet, après avoir montré les Parthes se répandant de tous côtés pour envelopper les Romains, se retirant devant les troupes légères, revenant encore, se retirant de nouveau contre la cavalerie romaine, puis reparaissant, l'écrivain grec ajoute : « Cette tentative des Parthes indiqua suffisamment à Antoine ce qu'il devait faire ; il garnit de frondeurs et de gens de trait non-seulement son arrière-garde, mais encore les deux ailes de son armée, qu'il disposa *en forme de bataillon carré;* il marcha ainsi avec précaution après avoir donné ordre à sa cavalerie de repousser l'ennemi s'il revenait à la charge, mais de ne pas le poursuivre bien loin quand elle l'aurait rompu. »

XXIII. — KOULI-KHAN.

En 1734, Kouli-Khan qui gouvernait la Perse après avoir fait déposer Thamas, gagne, contre les Turcs, commandés

(1) *Vie du comte de Munich*, général feld-maréchal au service de Russie, traduit librement de l'allemand de Hallem. Paris, 1807, p. 67.

(2) Le prince Troubezkoï avait assuré les approvisionnements de l'armée de Munich pendant cette longue marche.

par Topal-Osman, la bataille de Leilam. Voici par quels moyens il prépare sa victoire. Ayant derrière lui des montagnes, il y échelonne son armée et la cache dans les bois qu'elles portent. Son artillerie occupe des pentes de collines couvertes de haies et de broussailles; de faibles retranchements, faciles à emporter, ferment l'entrée de plusieurs défilés. Son infanterie se place dans le fond des gorges et un peu en avant de la position : sa cavalerie plus en avant encore. A peine les Turcs paraissent-ils que, frappés de l'inaction apparente des Perses et encouragés par leur effectif imposant de cent mille, ils s'elancent à l'attaque. Kouli-Khan résiste au premier moment, puis cède et enfin tourne le dos : sa cavalerie se disperse et les Turcs poursuivent ses fantassins qui se replient. Ceux-ci attirent les troupes de Topal-Osman jusqu'aux retranchements qui cèdent aux premiers efforts et engagent ainsi plus encore l'adversaire, puis les conduisent jusqu'à l'embuscade, se retournent alors et font tête ; à cet instant les soldats embusqués se démasquent et tirent : pris de tous côtés, bientôt atteints par les feux des batteries, les Turcs succombent ou cherchent à s'échapper : mais ils tombent au milieu des terrains minés et se trouvent en butte à un danger rarement employé dans les batailles (1). Osman ne pouvant rallier les siens, se précipite sur les Persans et obtient une mort glorieuse, tandis que Kouli-Khan compte parmi ses trophées l'artillerie de l'ennemi, tous les bagages, et la caisse militaire (2).

(1) C'est la première fois qu'on voit les mines jouer un rôle dans les batailles : si l'action se passait en rase campagne, cette défense accessoire du terrain ne serait guère possible.

(2) Algarotti, *Œuvres militaires*, Berlin. 1772, p. 255 à 257. — Maizeroy, *Cours de tactique*, t. II, p. 79.

Ce gain d'une bataille amené par une embuscade n'était pas nouveau. A la journée de Tagliacozzo, dans l'Abruzze, en 1268, le chevalier de Valery avait recouru à ce moyen et lui avait dû la victoire. Un siècle plus tôt, en Asie même, près de la Perse, les Sarrasins l'avaient employé contre la gauche des chrétiens, dans la bataille d'Ascalon (Syrie) et cela avec succès (1176). L'histoire militaire des Asiatiques offre de fréquents exemples de cette ruse.

XXIV. — LE MARÉCHAL DE SAXE.

On raconte du maréchal de Saxe qu'il dit, dans un moment de mauvaise humeur : « La paix venue, on nous oublie. »

Ce ne paraît pas être une simple boutade; on retrouve cette opinion chez plusieurs guerriers qui ne peuvent se faire à l'idée que la guerre, pour être parfois utile et rentrer dans les instruments propres aux grands peuples, doit néanmoins former dans leur vie nationale des moments d'exception.

Chez ces guerriers, à l'inverse de l'opinion de La Noue, le soldat, son temps fini, ne doit pas se retirer en son premier métier, il vaut mieux qu'il demeure soldat : Brantôme se range à cet avis et le développe (1).

C'était, il faut le reconnaître, la manière de voir des militaires au XVIe siècle. L'un disait alors : « Un soldat sans guerre est une cheminée sans feu en été. » L'autre soutenait que les capitaines « qui laissent enfricher la guerre meurent de faim. » Le fond de la pensée était celui-ci : dans les hauts grades se maintenir nécessaire et en faveur, au bas

(1) *Digression sur les mestres de camp catholiques de l'infanterie.* Œuvres de Brantôme, édition de La Haye, 1740, t. X, p. 121 et 122.

de l'échelle ne pas devenir *vilain* par ses fonctions, après avoir été par sa profession *un noble cœur* (1).

Montrons encore le maréchal de Luxembourg *affligé* de la paix et écrivant à Louvois le 3 mai 1688 : « Quand la paix sera définitivement arrivée, comme nous n'aurons rien à faire.... je m'en irai dans un hermitage où vous n'entendrez plus parler de moi. »

XXV. — FRÉDÉRIC.

Parmi les maximes du grand Frédéric il en est une très-connue, parce que, sous une forme vulgaire, elle offre un sens pratique et vrai. On peut fixer sa date à 1763. La voici : « Pour bâtir l'édifice d'une armée, il faut se souvenir que le ventre en est le fondement. » C'est, on le voit, le mot de l'amiral de Coligny, tel que Davila le rapporte (2) : « Une armée est un monstre qui se forme premièrement par le ventre. »

De même quand Frédéric a écrit un autre mot resté célèbre : « Un mulet qui aurait fait dix campagnes sous le prince Eugène serait un mulet, » il imitait une parole par laquelle Vendôme fit comprendre un jour jusqu'où peut aller la brutalité chez le soldat qui n'impose jamais silence à sa vivacité, disant : « Dans la marche des armées la raison est du côté des mulets et non des muletiers. »

(1) « N'estoient-ils pas braves, galants et heureux, ces gens de bien de soldats, de vivre et mourir en soldats... non pas faire la vie méchanique que Monsieur de La Noue ordonne ? Car, et comment est-il possible, *qu'un noble cœur veuille devenir vilain.* » Brantôme, t. X, p. 123.

(2) *Histoire des guerres civiles de France*, traduction Baudouin, 1657, t I, p. 199.

Ce rapprochement prouve que l'imitation militaire se produit dans les écrits comme dans les actions.

Elle se produit aussi dans les paroles. Quand Frédéric prononçait, en souverain pénétré de sa responsabilité : « Il n'est pas nécessaire que je vive, mais bien que j'agisse, » il répétait (1), sans le savoir, ce mot du maréchal de Saxe souffrant d'une hydropisie au moment où la guerre de Fontenoy l'appelait en Flandre : « Il ne s'agit pas de vivre mais de partir. » Bornons-nous à cette simple mention, afin de ne pas attacher trop d'importance à ces mots heureux que les auteurs de mémoires prêtent complaisamment aux princes et aux grands hommes.

XXVI. — BERNADOTTE.

Au début de sa carrière, le 26 avril 1794 (2), dans un combat, le général Bernadotte, depuis roi de Suède, voit sa brigade dispersée ; en vain il s'efforce de la rallier ; sourds à sa voix, ses soldats demeurent éparpillés. Alors, par un mouvement soudain, il arrache ses épaulettes (3) et les jette au milieu d'eux, avec ce cri émouvant : « Je ne suis plus votre général puisque vous me laissez déshonorer. » A ce mot de déshonneur, des pelotons se reforment, Bernadotte

(1) Le propos attribué à Frédéric ne paraît pas antérieur à la guerre de Sept-Ans, tandis que le mot du maréchal de Saxe date de 1745.

(2) Le 7 floréal an II.

(3) En 1807 le général Menard, sur les hauteurs de Kilo, jeta son chapeau au milieu des ennemis ; mais nous choisissons pour le texte le trait de Bernadotte dont le nom a plus de relief.

les ramène aux canons précédemment abandonnés, et, les pointant à nouveau sur l'ennemi, l'oblige à rétrograder (1).

C'est le trait du grand Condé lançant à Fribourg son bâton de commandement au fort de la mêlée, trait rapporté par la tradition seule (2), mais si connu et si populaire que Bernadotte ne le pouvait ignorer : ici donc, sans rien ôter de sa spontanéité au général républicain, on peut induire que, dans son acte, il y a réminiscence d'un fait souvent reproduit.

C'est aussi une imitation du porte-enseigne de légion Beculonius qui, dans un combat contre les Istriotes, lançant son enseigne par-dessus le retranchement, entraîna les légionnaires à sa suite et y pénétra le premier. Beculonius lui-même n'avait fait que répéter l'action du consul Quinctius Cincinnatus (3), lequel, dans une lutte contre les Volsques avait, pour exciter les soldats romains, jeté un étendard au milieu des retranchements, et en effet les efforts tentés pour reprendre cet objet sacré commencèrent la déroute de l'adversaire.

XXVII. — PICHEGRU.

En janvier et février 1795, Pichegru conquiert la Hollande en aventurant son armée sur les canaux et les lacs solidifiés

(1) *Histoire de Bernadotte*, par Sarrans jeune, in-8°, 1845, t. I, p. 7.

(2) Les relations de la bataille n'en parlent pas et on ne le trouve que dans Desormeaux, écrivain de la seconde moitié du siècle suivant.

(3) Sur ces deux faits voyez Tite-Live, IV, 29 et XLI, 4. Au ch. 8 de son liv. VI, le même écrivain attribue un fait semblable, l'un des plus répétés de l'histoire, au dictateur Camille.

par la gelée : sa cavalerie court même sur le Texel et s'empare de la flotte ennemie.

Ce fait unique semble une reproduction de celui du Grand Electeur de Brandebourg, Frédéric-Guillaume, qui, en janvier 1678, franchit le Frisch-Haff en traîneau, avec son infanterie, tandis que la cavalerie suit sur les côtés; il faisait ainsi sept milles d'Allemagne par jour : « On était surpris, ajoute Frédéric II, dans les *Mémoires de Brandebourg*, de voir cette course en traîneaux d'une armée sur la glace unie d'un golfe qui, deux mois auparavant, avait été couvert de vaisseaux de toute la terre, que le commerce de la Prusse y attirait. »

La course du Grand Electeur sur la glace avait été précédée de l'attaque et de la prise du fort de Sparendam, près Harlem, opération qui s'était effectuée plus d'un siècle auparavant, en 1572 et en franchissant aussi un espace couvert de glace. Bernardino de Mendoça la rapporte en ces termes dans ses *Commentaires sur la guerre des Pays-Bas* : « Le lendemain il sortit de Harlem nombre de soldats et de bourgeois qui coupèrent la digue entre Sparendam et Sparenwoude pour donner passage à l'eau et inonder la campagne ; mais la coupure n'étant pas assez profonde, nos gens (c'est-à-dire les Espagnols) la comblèrent et ouvrirent, le jour même, des tranchées sur les fossés mêmes de Sparendam. Le froid ayant augmenté, le Span et l'Y gelèrent ; don Frédéric voulut profiter de cette circonstance pour donner l'assaut au fort; il ordonna à don Ferdinand de Tolède et à Julian Romero d'attaquer par deux côtés à la fois avec les enseignes de leurs tercios, ce qu'ils exécutèrent, bien qu'il y eût trois cents soldats dans le fort, et que Harlem et le Vaterland y eussent envoyé un renfort de deux détachements de plus de mille hommes ; ils attaquèrent par le front de la digue, et par les deux flancs *en marchant sur la glace*. La violence de l'artillerie ennemie ne put empêcher nos soldats de passer au fil de l'épée toute la garnison et un capitaine; *ils poursuivirent sur la glace*, jusqu'aux portes de Harlem, les renforts qui arrivaient; là, il périt encore beaucoup d'hommes qui, troublés par la peur, ne s'assurèrent pas de la force de la glace et furent engloutis (1). »

XXVIII. — MORAR.

Dans un combat livré en vue de Boulogne, le 7 vendémiaire an XII, l'officier de marine Morar, chargé de porter des ordres à la flotille, ne rencontre point de canot sur la plage, se jette à la mer, franchit à la nage la distance qui le sépare de son but et accomplit sa mission.

C'est également à la nage que Franceschi réussit en 1800 à communiquer avec Masséna renfermé dans Gênes et bloqué sur terre et sur mer par les Autrichiens.

Déjà en 1708, au siège de Lille, un officier nommé Dubois, se glissant à la nage au travers des canaux, avait pénétré dans la ville et avait apporté des nouvelles utiles pour la prolongation de la défense.

XXIX. — JUNOT.

Pour la thèse plaidée dans le présent mémoire, les faits valent mieux que les propos : toutefois ces derniers possèdent aussi leur importance relative. En voici encore un. Chacun connaît la réponse du sergent d'artillerie Junot, écrivant, sur

(1) Livre VIII, chapitre XI.

l'épaulement d'une batterie, une dépêche dictée par Bonaparte pendant le siége de Toulon. Comme une bombe vient à dix pas d'eux et les couvre de poussière, ainsi que le papier placé sous sa main : « Bon, dit-il avec gaieté, je n'aurai pas besoin de poudre. »

Custine avait peu auparavant prononcé un mot semblable. Baraguay-d'Hiliers, son aide-de-camp, lui lisait une lettre ministérielle, quand une balle siffle, pénètre entre les doigts du liseur et perce la lettre. Comme le jeune officier s'arrêtait pour scruter la figure de son chef : « Continuez, lui dit avec calme celui-ci ; c'est tout au plus un mot que la balle aura emporté. »

XXX. — NAPOLÉON.

La carrière de Napoléon offre plus d'un trait de ressemblance avec celle de ses prédécesseurs (1).

En 1796, au début de la campagne d'Italie, il dit à ses soldats : « Vous êtes mal nourris et presque nus... Je vais vous conduire dans les plus fertiles plaines du monde ; vous y trouverez de grandes villes, de riches provinces ; vous y trouverez honneur, gloire et richesses. » Hannibal, lui aussi, vingt siècles plus tôt, frappait, en descendant les Alpes, l'imagination des siens par ces mots : « Il est temps de faire une guerre fructueuse et riche, de recueillir un digne prix de vos peines, après avoir fait une si longue route à travers tant de montagnes, tant de fleuves et de nations armées. C'est ici

(1) N'oublions pas que Napoléon s'endormait à sa volonté. Cela rappelle ce que Pline le Jeune dit de son oncle Pline l'Ancien : « Il avait vraiment le sommeil à souhait, s'y pouvant livrer quelquefois parmi ses études mêmes, et s'en débarrassant selon son gré. »

que la fortune a posé le terme de vos travaux; c'est ici qu'elle vous destine une récompense digne de vos longs services (1). »

Dans cette même campagne de 1796, Bonaparte, surpris et entouré à Lonato, se sauve par sa présence d'esprit. Il fait monter tous ses officiers à cheval, simule un état-major, fait amener le parlementaire qui le somme de se rendre au milieu du brouhaha feint d'un grand quartier-général, l'intimide, lui assure qu'il se trouve au milieu de l'armée française, accorde au chef qui l'envoie cinq minutes pour capituler et obtient en effet sa soumission. -- Cette conduite semble imitée d'un fait arrivé en 1746 et que le général en chef de l'armée d'Italie, qui avait lu notre histoire militaire, pouvait connaître. Le 22 octobre de cette année, l'amiral anglais Lestock, qui venait de s'emparer par intimidation de la tour de Houat, envoya un capitaine offrir au comte de Saint-Sernin, gouverneur de Belle-Isle, de lui restituer les vingt-six prisonniers formant la petite garnison de cette tour. M. de Saint-Sernin, convaincu que cette mission n'était qu'un prétexte et cachait une reconnaissance déguisée, ordonna de tirer à boulets sur la frégate amenant l'officier anglais, et ne fit cesser le feu que quand la chaloupe dans laquelle cet officier descendit, eut arboré le pavillon blanc. Dès que le parlementaire ennemi débarqua, on lui banda les yeux jusqu'à son arrivée chez le gouverneur. Celui-ci le reçut poliment mais avec une dignité froide, et refusa l'offre de l'amiral, disant qu'il ne pouvait accueillir comme défenseurs de Belle-Isle ceux qui venaient de se rendre et d'encourir le mécontentement du Roi. Une collation suivit cette réception, les officiers français y parlèrent de la prise de Namur et de la

(1) Tite-Live, XXI, 43.

victoire de Roucoux. Enfin quand on reconduisit le capitaine Walhson, ainsi se nommait le parlementaire, on eut soin de lui ôter son bandeau sur la place même de l'Église, et il se vit à l'instant au milieu d'un concours d'officiers de toutes armes, allant, venant, donnant des ordres. Cette dernière démonstration acheva de lui en imposer : on a lieu de croire qu'il déclara la place en état de se défendre, car peu après l'amiral Lestock renonça au blocus et leva l'ancre avec sa flotte entière.

A la bataille d'Arcole (dans cette même campagne de 1796, Bonaparte saisit un drapeau et s'élance à la tête des siens pour les entraîner; c'est le trait de Schwerin à Prague (1757), de Saint-Herem à Roucoux (1746), de Sylla à Orchomènes.

Dans la journée de Rivoli (1797) Bonaparte s'écrie, au sujet de la colonne de Lusignan : « Ceux-là sont à nous. » C'est le mot prophétique de Tavannes avant Montcontour, disant à son entourage, au retour d'une reconnaissance : « Les Protestants sont à nous. »

La vue du tableau de Gros représentant Bonaparte visitant à Jaffa (1798) les pestiférés de son armée, me remémore deux faits analogues de l'histoire romaine accomplis par le dictateur Papirius Cursor et par Germanicus (1). — On sait dans quelles circonstances le fit Papirius ; si Tite-Live ne voile pas ainsi un échec subi par les Romains, la dureté de ce dictateur lui avait aliéné l'esprit des soldats. Il le sentit et résolut de « maîtriser son caractère, de mêler la douceur à la sévérité. » Afin de prouver ses bonnes intentions, il alla visiter ses soldats blessés « avançant la tête sous leurs tentes, demandant à chacun comment il se trouvait, les recommandant aux soins des lieutenants, des tribuns, des préfets. » Cette

(1) Lisez *Tite-Live*, VIII, 36 ; — *Tacite*, Annales, I, 71.

manière d'agir lui rendit le cœur des légionnaires ; il ne craignit plus de livrer bataille et fut vainqueur. — Germanicus chargé, peu d'années après la défaite de Varus, de conduire la guerre en Germanie, tint une conduite habile vis-à-vis des soldats romains qui combattaient dans cette contrée. Non content de les secourir de sa propre bourse, comme nous l'apprend Tacite : « pour adoucir par des soins vigilants le souvenir de leurs désastres, il visitait les blessés, vantait leurs actions, examinait leurs blessures et les flattant, les uns par l'espérance, les autres par le sentiment de la gloire, tous enfin par ses paroles et des témoignages d'intérêt, il les attachait à sa personne et les rendait plus forts pour la guerre. »

Faut-il aussi montrer Napoléon songeant à effectuer une descente en Angleterre après la proposition émise en 1782 par le marquis de Bouillé d'attaquer un port de cette île ; ou rappeler que son surnom de *caporal* avait déjà été donné par la troupe au général républicain Dagobert ; ou noter que, dans ses *Mémoires*, il recommande d'étudier les mêmes campagnes, les mêmes généraux que Frédéric signale à l'attention des officiers

Il vaut mieux terminer ce qui le concerne en rappelant qu'il s'endormit tranquillement la veille de la bataille d'Austerlitz. Ce n'est pas le seul conquérant auquel un semblable fait se rapporte. Un médecin éclairé attribue ce sommeil à la fatigue : « Si Alexandre, Pompée, Napoléon, ont dormi, dit-il, la nuit qui précédait une bataille décisive, cela tenait peut-être moins à la quiétude de leur âme qu'aux travaux préparatoires de telles journées (1). » Cette opinion vaut mieux que celle de Bussy-Rabutin osant dire : « Quand on

(1) *Traité d'hygiène*, par M. Michel Lévy, 3e édition, t. II, p. 387.

nous vient conter que le jour de la bataille d'Arbelles, on eut peine à réveiller Alexandre, je crois que, si cela fut, il faisait semblant de dormir par vanité ou qu'il était ivre (1). » Ajoutons aux noms célèbres d'Alexandre, de Pompée et de Napoléon, cités pour avoir dormi la veille d'une action, celui de Turenne avant la bataille des Dunes, et celui de François Ier, qui, entre les deux journées de Marignan, s'endormit *sur le timon d'une charrette*, et se montra, si nous en croyons Brantôme (2), « frais et dispos » le lendemain « ainsi qu'il le fit bien paraître. »

XXXI. — DAVOUST.

Le maréchal Davoust avait la vue basse comme le maréchal de Tallard, mais il se garda bien, dans son imitation forcée, de laisser la ressemblance complète.

Tallard conservait ordinairement près de lui un officier général, du nom de Vaillac, doué d'une vue très-bonne et en qui il se confiait : cela ne suffisait pas, cet officier pouvant s'absenter, et on le vit bien à Hochstedt, où son défaut physique eut une si terrible conséquence pour lui qu'il devint prisonnier.

Davoust se servait aussi de la vue plus ou moins forte de ses aides de camp, mais, pourvu d'une plus grande perspicacité, ayant le talent des grandes opérations, il s'était en outre doué par la pratique du don de sainement apprécier le terrain, qu'il allait du reste examiner lui-même et de très-

(1) *Mémoires de Bussy-Rabutin*, édition Lalanne, 1857, t. II, p. 60.

(2) *Hommes illustres*, Discours XLV sur François Ier.

près, non content d'avoir déjà accablé son entourage de questions à son sujet. Carrion Nisas prétend qu'à la suite d'une reconnaissance effectuée sur place entre les deux armées, il jugea mieux du fort et du faible du champ de bataille de la Moskowa que Napoléon : et ce témoignage en sa faveur semble d'autant plus concluant que sa sévérité, disons mieux sa dureté (1) bien connue, lui avaient désaffectionné l'armée.

XXXII. — MASSÉNA.

La veille de la bataille de Wagram, Masséna, qui avait commandé dans l'île de Lobau et contribué aux grands préparatifs de nos six semaines de séjour dans cette espèce de citadelle, fit une chute de cheval : il voulut néanmoins conserver son commandement et dirigea pendant l'action son corps d'armée étant en calèche.

Avant lui plus d'un général avait guidé de la sorte les siens à la victoire.

En 1597, dans l'armée espagnole se portant au secours d'Amiens, le comte Pierre-Ernest de Mansfeld, alors fort âgé et incapable d'aller à cheval, exerçait en litière découverte ses fonctions de général-major (2).

Schiller nous montre Torstenson commandant son armée dans une chaise à porteurs.

Fontaine (3) dans la journée de Rocroy, Tekeli en 1682,

(1) Le général de Pelleport emploie à son égard un mot plus expressif.

(2) Davila, *Histoire des guerres civiles de France*, traduction Baudoin déjà citée, t. II, p. 569.

(3) Fuentès, suivant la forme espagnolisée de son nom, général déjà cité au n° 16 de ce §. Le fauteuil dans lequel il fut tué se

Charles XII à Pultawa, le maréchal de Saxe hydropique à Fontenoy, commandent en chaise, en brancard ou en voiture (1).

XXXIII. — DELMAS.

Le général Delmas commandait à Turin en 1801 : une rébellion militaire y éclate et il essaie de la réprimer, tout au moins de la restreindre et de la circonscrire en tuant de sa main deux canonniers qui excitaient les autres soldats à la révolte ; mais ce moyen ne lui réussit pas, sans doute parce que nos mœurs, nos usages militaires sont trop modifiés au XIXe siècle pour qu'il soit encore possible d'imiter le sergent de bataille La Burthe donnant lui-même, avant la journée de Cerizoles, la mort à un volontaire qui lui désobéissait.

XXXIV. — VAN SPEIK.

Le 5 février 1831, le lieutenant hollandais Van Speik, commandant une chaloupe canonnière de la flottille destinée à défendre l'Escaut, fut entraîné par le mauvais temps au milieu des bâtiments français, et, plutôt que de se rendre, tira un coup de pistolet dans les poudres de sa chaloupe et se fit sauter.

trouve au musée d'artillerie de Paris (*objets divers*, n° 386 du Catalogue de 1864).

(1) Le maréchal de Saxe, vu son état, était autorisé par le roi à se tenir dans une voiture d'osier, mais il monta à cheval pendant l'action proprement dite, tenant une balle de plomb dans sa bouche pour diminuer sa soif.

Cet acte de patriotisme rappelle celui accompli en 1827 par le lieutenant de marine français Bisson qui, après la bataille de Navarin, surpris la nuit dans l'Archipel par des pirates, et ne disposant que d'un navire en mauvais état, incapable de résistance, se laissa accoster, puis, quand la plupart des pirates occupèrent son bord, mit le feu à ses poudres et sauta avec eux (1).

Antérieurement le vice-amiral suédois Stiernskold, entouré par les vaisseaux de guerre de Dantzig, s'était fait sauter avec tout son équipage plutôt que de se retirer : ce dernier fait eut lieu sous Gustave Adolphe qui regretta son amiral et loua sa bravoure.

XXXV. — UN KAID.

Le 25 février 1843, en Algérie, un kaïd de la tribu des Oulad-Souide, soumise à l'autorité française, fut surpris par des cavaliers de l'émir Abd-el-Kader qui, fondant sur lui et lui mettant le pistolet sur la gorge, voulurent le contraindre à donner l'ordre aux siens de se rendre, mais ce brave indigène se borna pour toute réponse à crier : *Aux armes !* Aussitôt il tomba mort. C'est une répétition du trait de dévouement du chevalier d'Assas, et de bien d'autres officiers assurément, morts victimes ignorées de leur patriotisme, suivant la remarque d'un juge compétent.

XXXVI. — LE TROMPETTE ESCOFIER.

La génération présente se rappelle le dévouement du trompette Escofier qui, dans un combat en Afrique, voyant les

(1) Son second, lancé sur la côte voisine par l'explosion, eut la vie sauve.

Français peu nombreux avoir le dessous, offrit son cheval à son capitaine et permit ainsi à ce dernier de rallier les nôtres et de gagner une position favorable. Fait prisonnier par les Arabes, ce brave soldat fut ensuite échangé, rentra en France et devint, à l'expiration de son temps de service, gardien au château de Pau.

Escofier possédait trop peu d'instruction pour connaître l'histoire et avoir imité une action à lui dévoilée par la lecture. Néanmoins son trait de dévouement est la répétition d'un fait qui remonte à 1735. Cette année, dans les plaines de Stadeck, un cavalier du régiment de Saint-Aignan voit le chef de son détachement (1) démonté; quoique blessé, il met pied à terre et force cet officier à prendre son cheval, en disant : « il vaut mieux qu'un cavalier périsse, ou soit fait prisonnier que celui qui peut rétablir le combat. » Cela exécuté, il lutte et protége le départ du détachement, jusqu'à ce qu'il soit fait prisonnier (2).

XXXVII. — ABD-EL-KADER.

La résignation que relate le trait de reddition précédent se retrouve chez deux hommes qui ont lutté à 2000 ans de distance sur la terre d'Afrique, contre la nation la plus militaire de leur temps, chez Abd-el-Kader et Hannibal.

Le premier, après sa soumission, fut amené devant le duc d'Aumale, gouverneur général de l'Algérie et, dans une première entrevue, dont le caractère restait privé, prononça ces

(1) M. d'Astiès, officier de grenadiers à cheval.

(2) *Le bon Militaire*, par M. de Boussanelle, brigadier des armées du Roi, 1770, chez Lacombe, libraire, rue Christine, p. IX.

mots en abordant le prince : « Tu devais désirer depuis longtemps ce qui se passe aujourd'hui ; tout s'accomplit suivant la volonté de Dieu. » Et le lendemain, dans la visite officielle, le prisonnier offrit à son vainqueur le cheval de soumission, celui-là même sur lequel il venait de se rendre à la cérémonie, assurant qu'il offrait la seule chose qui fût alors *en sa possession et dans son estime.* Malgré ces propos, l'émir ne montre ici qu'une demi-résignation, car il s'inquiète de sa liberté et questionne le fils du roi des Français pour savoir si la promesse du général de Lamoricière de le faire reconduire en Orient sera ratifiée.

Hannibal est plus soumis aux coups du sort, et, sous ce rapport comme sous tous les autres, il demeure hors de comparaison avec les divers chefs indigènes qu'ait eus l'Afrique. Il fut en effet poursuivi par la haine romaine jusqu'à la fin de sa carrière, tandis qu'Abd-el-Kader connaissait notre caractère national et, aux derniers instants de la lutte, alors qu'il essayait de se frayer un chemin, songeait encore à remettre sa Deira à la générosité de la France. La résignation d'Hannibal se traduit par ces mots alors que, traqué par Prusias qui veut le livrer, il venait de prendre le poison : « Délivrons de ses inquiétudes le peuple romain qui n'a pas la patience d'attendre ma mort. »

On peut faire un autre rapprochement entre Abd-el-Kader et Hannibal. Avant la bataille d'Isly, le premier voulut jeter le désordre dans le camp français au moyen de chameaux entourés de matières enflammées ; le temps lui manqua il est vrai pour accomplir son dessein, mais un pareil projet rappelle le stratagème des bœufs aux cornes garnies de flammes qui permit à Hannibal de traverser le défilé de Casilinum. On peut regretter historiquement parlant que la ruse d'Abd-el-Kader n'ait pas été mise à exécution, car, éventée sans doute par nos vigilants soldats, elle eut confirmé cette opinion de Folard : « Le stratagème d'Hannibal, renfermé dans le détroit de Casilinum, est unique dans son espèce, et les Romains les seuls au mon de qui aient pu donner dans un piége aussi grossier que celui-là (1).

XXXVIII. — LORETON-DUMONTET.

Le colonel français Loreton-Dumontet, chef de l'un de nos régiments de ligne, eut le chagrin, dans une affaire des plus chaudes, qui se passait en Algérie, de voir les siens s'arrêter puis s'enfuir. Il se trouvait un peu en arrière. Au lieu de laisser percer son désappointement, il se place au milieu des fuyards, et feignant un profond étonnement : « Mais où allez-vous, mes amis, s'écrie-t-il, c'est par ici. » Ces paroles prononcées avec le plus grand calme, interrompues même par un besoin simulé de se moucher (2), afin d'allonger la scène et de mieux former temps d'arrêt, de produire un revirement dans l'esprit des combattants, la vue de cet officier intrépide qui, de gaieté de cœur, stationnait sous une grêle de balles comme il eut fait sur la place d'un camp de plaisance, tout cela frappa les soldats, leur rendit l'assurance et la joie ; dès lors la partie fut gagnée, tous suivirent leur colonel dans la nou-

(1) *Polybe*, commenté par Folard, t. IV, p. xxv.

(2) Loreton-Dumontet semble se souvenir, en se mouchant, du général hollandais van Grotten qui, dans un combat, ayant demandé du tabac à l'un de ses aides-de-camp, et celui-ci ayant été emporté au même instant par un boulet, se retourna avec le plus grand calme vers un autre officier et dit : « C'est donc vous qui me donnerez une prise. »

velle direction qu'il leur indiqua et le succès couronna leurs efforts.

Ce trait du colonel Loreton-Dumontet n'est qu'une imitation d'un trait de Desaix. Ce dernier, voyant ses soldats prendre la fuite au combat de Schweigenheim (1794), se jette à leur tête en criant : « Camarades, c'est la retraite de l'ennemi et non la vôtre que j'ai ordonnée ; » combat avec eux et parvient à les ramener.

Desaix mettait en paroles l'exemple donné par Vendôme à la bataille de Cassano (1705). Les Français culbutés passaient le pont de l'Adda en désordre et se réfugiaient dans les maisons et le château, lorsque Vendôme remarque combien ce château prend de flanc l'ennemi continuant à s'avancer à la poursuite des fuyards. Il franchit le pont avec les plus effrayés, les loue du parti qu'ils ont pris, pénètre avec eux dans le château, le met en état de défense, de là crible de boulets l'aile victorieuse de ses adversaires, et ressaisit ainsi la victoire prête à lui échapper.

On peut prétendre que Vendôme a copié Cromwell qui, voyant prendre la fuite au général du Parlement (1645), va droit à lui et lui dit avec une singulière froideur : « Vous vous trompez, mylord, ce n'est pas là que sont les ennemis. »

Cromwell lui-même a pu être mis sur la trace par le maréchal de Châtillon, lequel, quatre ans plus tôt, à la bataille de la Marfée, ne désespéra pas de la défection d'une partie des siens, mais dit simplement à son entourage : « Ne les troublez pas dans leur évolution, ils vont se rallier à cet arbre ; » se précipita avec eux vers le point qu'il indiquait et les y rallia en effet.

Franchissant du XVIIe siècle de notre ère au IIe siècle avant

Jésus-Christ et des environs de Sédan aux alentours des Alpes, on peut rencontrer l'origine de ce trait chez les Romains. Catulus Luctatius dit en effet des siens : « Ils ne fuient pas, ils suivent leur capitaine, » ou mieux encore, d'après le narré de Plutarque, il alla se mettre à leur tête, afin qu'ils parussent le suivre. C'était contre les Cimbres et sur les bords du fleuve Atison que le fait se passait (1).

Cette reproduction intermittente du même fait au travers des divers âges de l'histoire, dépose en faveur de notre thèse et montre au mieux, combien l'imitation se trouve dans la nature de l'homme.

XXXIX. — JELLACHICH.

En 1849, dans la campagne de Hongrie, le ban Jellachich, voulant paraître le premier avec son corps devant la ville de Raab, venait de franchir la Raab, lorsque pour la seconde fois il fut arrêté sur les bords d'une rivière, la Marczal, par un pont brûlé. Il s'agissait de rétablir le tablier, et pour encourager les siens au travail, il se mit à donner l'exemple et à porter lui-même des planches (2).

Ce fait remet en mémoire le maréchal Lannes, sous les murs de Ratisbonne en 1809, saisissant lui-même une échelle et l'appliquant contre les murs de la ville dont il voulait escalader à l'improviste les remparts ; — et Cléarque,

(1) Plutarque, *Apophthegmes des Romains.*

(2) Pimodan, *Campagne d'Italie et de Hongrie*, p. 156. Le même auteur rapporte (p. 93) qu'à la fin de la campagne d'Italie (1848), les Autrichiens, enthousiasmés par leurs succès, juraient qu'avec des chefs comme les leurs, *ils prendraient le ciel d'assaut.* C'est une répétition du mot de César cité au n° 3 du § 2 de ce Mémoire.

au début de la retraite des *Dix mille*, entrant lui-même dans la boue et mettant la main à l'œuvre avec les pionniers, pour construire sur les canaux que l'on rencontrait les petits ponts nécessaires au passage de son armée (1).

Avant Lannes, Desfort, gouverneur de Dieppe, avait déjà, dans une attaque (1562) dirigée contre les habitants d'Arques réfugiés dans leur église, et pour entraîner les siens, planté une échelle contre un vitrail et brisé celui-ci du pommeau de son épée. A ce moment il fut blessé à la tête d'un coup de pierre (2).

(1) Xénophon, *Retraite des Dix-Mille*, livre II.

(2) *Hist. de Dieppe*, par M. Vitet.

CONCLUSION.

Ces traits épars, dont il eut été facile de multiplier le nombre, méritent d'être liés par quelques réflexions communes qui formeront notre conclusion.

Le monde est fort ancien, et la terre a déjà, rien que pour les portions dont nous connaissons le mieux les antiquités, été peuplée d'une grande quantité d'individus. En raison de cette quantité, tous les caractères possibles ont dû se présenter, et ces caractères ont produit à peu près tous les genres d'action. Je dis *à peu près* parce que la production des actions dépend aussi de la forme des sociétés, des moyens matériels dont nous disposons, et que ces formes, ces moyens ne sont pas encore épuisés.

Ainsi, l'homme arrivant à sa naissance dans des conditions de famille, de caractère, de civilisation, semblables à celles de son père ou tout au moins de ses parents paternels ou maternels, vivra comme un de ses prédécesseurs; un élève agira comme son maître, un subordonné prendra son supérieur pour modèle; c'est-à-dire combien aujourd'hui, dans notre vieux monde, il est difficile de produire quelque chose de neuf. Toutefois les aptitudes, dans leur diversité, peuvent prendre une telle intensité, que celui qui les possède découvre une voie nouvelle : c'est au génie d'un homme extraordinaire qu'on doit ces voies, génie toujours rare et dont l'apparition à intervalles ne détruit pas la véracité de notre thèse. Le génie d'ailleurs fait ce que d'autres ont fait avant lui, nous l'avons vu dans ce mémoire, il est imitateur à son tour et à ses heures; seulement il reproduit mieux que le vulgaire.

Cette thèse que la plupart des hommes s'imitent (1), se copient et que plusieurs le font en connaissance de cause pour tromper les masses ignorantes ou simplement leurs voisins peu éclairés, cette thèse admise, il nous faut établir une distinction. Beaucoup des faits attribués aux hommes remarquables dans leur biographie sont apocryphes, et il existe telle catégorie de grands hommes qui jouit de la prérogative de telle vertu, de tel acte de courage ou de générosité (2); cette habitude d'embellir l'histoire et d'écrire de la biographie *légendaire*, multiplie les imitations, non en réalité dans les faits tels qu'ils se sont passés, mais dans l'imagition de ceux qui les rapportent. Il y a donc plus d'un acte prêté.

Cette réserve émise, et elle oblige l'historien à une certaine critique, à un choix dans le rapprochement des faits, il reste assez d'actes semblables pour donner lieu non à une théorie de l'imitation, mais à une comparaison historique des actions célèbres qui se ressemblent, comparaison qui peut avoir son

(1) Si nous ne parlions des hommes, nous rappellerions les moutons de Panurge, d'autant plus que Panurge, en les faisant tous jeter à l'eau à la suite d'un mouton qu'il avait acheté et qu'il lance dans l'onde, a soin de dire à son entourage, une fois la farce jouée : « *C'est un tour de vieille guerre.* » (Voy. Rabelais, livre IV, ch. 8). La ruse de Panurge a été empruntée par Rabelais à la XIe macaronée de Théophile Folengo, poète burlesque du XVe siècle : c'est donc aussi une *imitation*.

(2) Même, de telle singularité : ainsi César, comme Alexandre, monte un cheval extraordinaire.

utilité en histoire, mettre en garde contre des inexactitudes, servir de moyen mnémonique. Le but de ce mémoire réside dans cette comparaison.

Il vaudrait peut-être mieux dire la *répétition* que l'imitation d'un fait, car celui qui le produit une seconde fois, ignore souvent qu'il a eu lieu avant lui. Sous ce rapport l'auteur de ce deuxième fait demeure aussi louable que celui du premier, mais son acte est moins méritoire : l'individu qui aujourd'hui, ne les connaissant pas, inventerait au milieu de nous, ou la poudre de guerre (1), ou l'imprimerie, ou la boussole, c'est-à-dire l'un des agents qui ont modifié (2) la face du monde, ne rendrait aucun service à l'humanité.

S'en tenir à cette remarque, ailleurs que dans les sciences et l'industrie, serait toutefois injuste, car une action, pour ne pas être nouvelle historiquement parlant, n'en produit pas moins son effet entier, même en mettant à part le talent et la mise en scène qui peuvent être plus grands la seconde fois.

(1) On invente assez fréquemment de nouvelles poudres ; exemples : la *poudre coton*, découverte en 1847 et perfectionnée depuis à plusieurs reprises, particulièrement en 1863 par le général autrichien de Lenck ; la *poudre Schultze*, due récemment à un capitaine de l'artillerie prussienne qui lui a donné son nom et dirige une fabrique spéciale de poudre à Potsdam, etc.

(2) Algarotti, dans sa lettre xve sur la *Science militaire du secrétaire florentin* (Machiavel), s'élève, surtout en ce qui concerne la guerre, contre l'opinion générale qui attribue à ces agents le *renouvellement* de nos usages, et il défend son avis avec d'assez bons arguments. Mauvillon dit aussi : « J'ose avancer qu'on est encore à savoir jusqu'à quel point cette invention a influé sur l'art de la guerre. » (*Essai sur l'influence de la poudre à canon dans l'art de la guerre moderne*, p. XXXIII).

Ce sera là l'histoire éternelle du genre humain : on répètera sur terre les mêmes gestes, les mêmes paroles, les mêmes actes, et ils sembleront toujours nouveaux ; ils le sont pour ceux qui les voient ou les entendent.

Les masses en effet, armées ou non, auxquelles s'adressent ces gestes, ces paroles, ces actes, se rajeunissent sans cesse par l'adjonction de générations nouvelles. Et comme de ceux qui les composent, peu sont instruits et connaissent la vie des générations de soldats précédentes, ces masses armées forment une espèce de public et sont accessibles aux impressions comme des voyageurs n'ayant encore rien vu.

A peine les plus âgés réagissent contre cette disposition. « La pièce a déjà été jouée, s'écrient-ils, c'est usé, ce sont des vieilleries rhabillées. » Les jeunes les laissent dire et profitent de la représentation : tout les amuse ou les intéresse parce que leurs sensations ne sont pas émoussées (1).

Malgré cette tendance générale à voir, à éprouver par soi-même, à ne consulter que sa propre expérience, la connaissance du passé peut éclairer en vue de l'avenir ; cela ressort de l'aveu des historiens eux-mêmes ; un esprit droit, Thucydide, a même dit dans ce sens et je suis heureux de pouvoir invoquer son témoignage : « Il me suffira que mon travail soit jugé utile par ceux qui voudront tenir en main le fil des événements passés, et de ceux qui, dans des circonstances à peu près les mêmes, doivent *se reproduire un jour* (2). »

Nous ajouterons que l'imitation à la guerre, qu'elle soit préméditée ou surgisse brusquement, peut notamment avoir son utitité en appliquant, d'après les révélations de l'his-

(1) Les jeux des enfants, par exemple, se perpétuent de siècle en siècle.

(2) *Guerre du Péloponèse,* I, 22 ; traduction GAIL.

toire, ce qui a réussi à d'autres : il ne s'agit pas d'une imitation servile, chaque cas étant différent, mais d'une imitation intelligemment modifiée d'après les circonstances au milieu desquelles on se trouve Cette imitation, en l'étendant, amènerait presque à la pratique de l'art de la guerre d'après la tradition, pratique que le discernement (1) et la spontanéité sauraient rendre fructueuse.

(1) C'est l'opinion de l'helléniste cité dans la note précédente. On lit, en effet, à la fin de la préface de sa traduction de la *Cyropédie* de Xénophon : « Plus d'un militaire, en parcourant ces pages, qui offrent, au premier abord, moins de gravité que celles de Polybe ou d'Arrien, découvrira çà et là des détails qui lui donneront à penser, des leçons de prévoyance, des préceptes de stratégie antique qui, adaptés à la nôtre *au moyen d'un léger travail de la réflexion*, peuvent concourir à former le bon officier, le général expérimenté. »

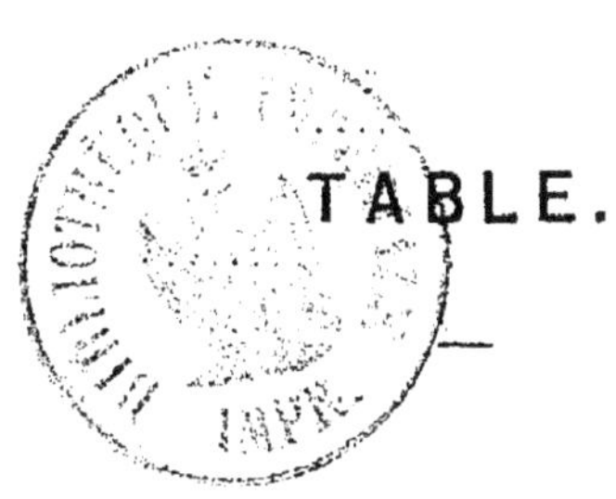

TABLE.

Pages.

Introduction			5
§ Ier. — Faits appartenant à l'antiquité			9
—	I.	Hannibal	9
—	II.	Massinissa	16
—	III.	Metellus	12
—	IV.	Julien	12
§ II. — Faits appartenant au moyen-âge			14
—	I.	Édouard III d'Angleterre	14
—	II.	Du Guesclin	15
—	III.	Les chevaliers français en Hongrie	17
—	IV.	Albert l'Achille	17
—	V.	Louis XII	18
—	VI.	Un sergent écossais	19
—	VII.	Bayart	19
§ III. — Faits appartenant à l'histoire moderne			25
—	I.	Machiavel	25
—	II.	François Ier	26
—	III.	Le maréchal de Brissac	26
—	IV.	Le capitaine Blanchard	28
—	V.	Crivelli	31
—	VI.	Bussy	32
—	VII.	Farnèse	33
—	VIII.	Un soldat espagnol	34
—	IX.	Henri IV	36

			Pages.
§ III. —	X.	Gustave-Adolphe	37
—	XI.	Bernard de Saxe-Weimar	38
—	XII.	Le prince Robert	38
—	XIII.	Un gouverneur russe en 1661	39
—	XIV.	Un soldat de Turenne	39
—	XV.	Vauban	40
—	XVI.	Condé	41
—	XVII.	Catinat	42
—	XVIII.	L'électeur palatin en 1674	44
—	XIX.	Eugène de Savoie	46
—	XX.	Un officier, un soldat et le Camoëns	48
—	XXI.	Le curé de Groais	49
—	XXII.	Munich	52
—	XXIII.	Kouli-Khan	53
—	XXIV.	Le maréchal de Saxe	55
—	XXV.	Frédéric	56
—	XXVI.	Bernadotte	57
—	XXVII.	Pichegru	58
—	XXVIII.	Morar	60
—	XXIX.	Junot	60
—	XXX.	Napoléon	61
—	XXXI.	Davoust	65
—	XXXII.	Masséna	66
—	XXXIII.	Delmas	67
—	XXXIV.	Van Speik	67
—	XXXV.	Un kaïd	68
—	XXXVI.	Le trompette Escoffier	68
—	XXXVII.	Abd-el-Kader	69
—	XXXVIII.	Loreton-Dumontet	71
—	XXXIX.	Jellachich	73
Conclusion			75

Orléans. — Imp. Ernest Colas.

LIBRAIRIE TANERA, 6, RUE DE SAVOIE, A PARIS.

PUBLICATIONS

DE

M. DE LA BARRE DUPARCQ.

CATALOGUE.

I. — Mémoires lus à l'Académie des Sciences morales et politiques.

PARALLÉLISME DES PROGRÈS DE LA CIVILISATION ET DE L'ART MILITAIRE, broch. in-8, 1861 .... 2 fr. 50

L'ART DES INDICES, PARTICULIÈREMENT A LA GUERRE, broch. in-8, 1862........ 1 fr.

HANNIBAL EN ITALIE, broch. in-8, 1863........ 1 fr. 50

L'ART MILITAIRE PENDANT LES GUERRES DE RELIGION (1562-1598), broch. in-8, 1864........ 2 fr.

LE BONHEUR A LA GUERRE, broch. in-8, 1865 .... 1 fr. 50

DES IMITATIONS MILITAIRES, broch. in-8, 1866 .... 1 fr. 50

II. — Ouvrages originaux.

HISTOIRE DE L'ART DE LA GUERRE depuis son origine jusqu'à nos jours, 2 vol. in-8........ 15 fr.

Chapitres du tome Ier.

Avant-propos. — Introduction générale. — Chap. i, Premiers peuples. — Chap. ii, Grecs. — Chap. iii, Romains. — Chap. iv, Peuples conquis. — Chap. v, Peuples barbares. — Chap. vi, Le Moyen-Age avant l'usage de la Poudre.

Chapitres du tome II.

Chap. 1er, Le Moyen-Age depuis l'usage de la poudre. — Chap. ii, Renaissance de l'art. — Chap. iii, L'Art prend son caractère moderne pendant la guerre de Trente Ans. — Chap. iv, Les Guerres de Louis XIV. — Chap. v, L'art de la guerre durant la première moitié du règne de Louis XV. — Chap. vi, Progrès dus à Frédéric de Prusse. — CHAP. VII, Changements apportés dans l'art de la guerre pendant les luttes de la Révolution française. — CHAP. VIII, Progrès dus à Napoléon. — CHAP. IX. — Période de 1815 à 1848.

ÉLÉMENTS D'ART ET D'HISTOIRE MILITAIRES, comprenant le précis des institutions militaires de la France, l'histoire et la tactique des armes isolées, la combinaison des armes, les petites opérations de la guerre et plusieurs annexes, 1 vol. in-8, avec figures .... 12 fr.

Cet ouvrage a été traduit en anglais par M. le brigadier général Cullum, 1 vol. in-8. New-York, 1863, chez Van Nostrand.

PORTRAITS MILITAIRES. — Esquisses historiques et stratégiques, 3 vol. in-8 .... 22 fr. 50

Ces volumes contiennent 40 portraits, savoir : Gustave Adolphe, la Tour d'Auvergne, du Guesclin, Frédéric, Vauban, Moncey, duc d'Albe, Turenne, la Noue, Souvarof, du Mouriez, Catinat, Wellington, Masséna, Jules César, Bayard, Condé, Seydlitz, Guibert, Ney, Washington, Jeanne d'Arc, Vendôme, Ibrahim-Pacha, Villars, Desaix, Charles XII, Lannes. Eugène de Savoie, Montluc, archiduc Charles, saint Louis, Montecuccoli, Crillon, Maurice de Nassau, Hoche, Sobieski, Luxembourg, Marlborough, Suchet.

Les portraits d'Eugène de Savoie et de Montecuccoli ont été traduits en italien par M. le comte Catucci, broch. in-18, Narni, 1860, chez Gattamelata.

HISTOIRE MILITAIRE DE LA PRUSSE AVANT 1756, ou INTRODUCTION A LA GUERRE DE SEPT ANS, 1 vol. in-8 (avec 6 plans de bataille)........ 7 fr. 50

ÉTUDES HISTORIQUES ET MILITAIRES SUR LA PRUSSE. 2 vol. in-8.. 12 fr.

Études du tome premier. — Observations sur le caractère du prince Henri de Prusse, frère de Frédéric le Grand; le Grand Électeur; Frédéric le Grand; l'Infanterie prussienne sous Frédéric le Grand; Seydlitz et la cavalerie prussienne; Organisations successives de l'armée prussienne depuis son origine jusqu'à nos jours; Réflexions sur l'armée prussienne; Notice sur les ordres militaires; les Tribunaux d'honneur; la Fortification prussienne au XIXe siècle; Note sur les journaux militaires.

Études du tome second. — De plusieurs pamphlets relatifs à la conquête de la Silésie; l'Administration militaire; l'Oder; le roi Frédéric-Guillaume II; les Articles de guerre; Particularités relatives à la justice militaire; Détails historiques sur l'artillerie prussienne; Officiers français au service de Prusse; la Guerre d'un an (1778-1779); Éclaircissements sur l'Académie des nobles; Médailles de 1701; Opinions de Warnery; les Frontières; Note sur la campagne de 1787 en Hollande; Maupertuisiana.

Le Ier volume de cet ouvrage a été traduit en allemand dès son apparition par M. le baron de Reinhard, 1 vol in-8, 1854, à Leipzig, chez Hemmelmann.

COMMENTAIRES SUR LE TRAITÉ DE LA GUERRE DE CLAUSEWITZ, 1 vol. in-8.. 7 fr. 50

III. — Opuscules.

DE LA FORTIFICATION A L'USAGE DES GENS DU MONDE, broch. in-8. 2 fr. 50

BIOGRAPHIE ET MAXIMES DE BLAISE DE MONTLUC, broch. in-8... 2 fr. 50

UTILITÉ D'UNE ÉDITION DES ŒUVRES COMPLÈTES DE VAUBAN, broch. in-8.. 2 fr. 50

LE PLUS GRAND HOMME DE GUERRE, broch. in-8.................... 4 fr.

CONSIDÉRATIONS SUR L'ART MILITAIRE ANTIQUE ET SUR L'UTILITÉ DE SON ÉTUDE, broch. in-8.. 2 fr. 50

DE LA CRÉATION D'UNE BIBLIOTHÈQUE MILITAIRE PUBLIQUE, broch. in-8.. 2 fr.

BIOGRAPHIE ET MAXIMES DE MAURICE DE SAXE, broch. in-8........ 5 fr.

LETTRE SUR LA NÉCESSITÉ DE L'ÉTUDE DES SCIENCES ET DES ARTS DANS LA PROFESSION MILITAIRE, broch. in-8...................... 2 fr.

REMARQUES SUR LES RELATIONS DES LANGUES MILITAIRES FRANÇAISE, ALLEMANDE ET ESPAGNOLE, br. in-8...................... 2 fr.

DES SOURCES BIBLIOGRAPHIQUES MILITAIRES, broch. in-8......... 2 fr.

NOTICE SUR L'ACADÉMIE MILITAIRE DE BREDA, broch. in-8...... 1 fr. 50

OPINIONS ET MAXIMES DE FRÉDÉRIC LE GRAND, avec une introduction et des notes, broch. gr. in-18 .... 2 fr.

IV. — Principales traductions de l'allemand.

HISTOIRE DE LA FORTIFICATION PERMANENTE ou MANUEL DES MEILLEURS SYSTÈMES ET MANIÈRES DE FORTIFICATION, par A. DE ZASTROW, ouvrage traduit sur la troisième édition allemande. Nouvelle édition française augmentée de nombreuses notes par le traducteur, 2 vol. in-8 (avec atlas de 20 planches, 1866)... 25 fr.

PRINCIPES DE LA GRANDE GUERRE, suivis d'exemples tactiques raisonnés de leur application, par l'archiduc Charles, 1 vol. in-folio (avec 25 grands plans coloriés).. 125 fr.

HISTOIRE DE L'ART MILITAIRE CHEZ LES ANCIENS, par F. de Ciriacy, 1 vol. in-8, traduction annotée... 7 fr. 50

ESQUISSE HISTORIQUE DE LA FORTIFICATION PERMANENTE, par Louis Blesson, br. in-8 (avec planche)...................................... 5 fr.

LES ARMÉES DES PUISSANCES DIRECTEMENT OU INDIRECTEMENT ENGAGÉES DANS LA QUESTION D'ORIENT. — Statistiques militaires, par un officier allemand, br. in-8.. 4 fr.

V. — Principales traductions de l'espagnol.

THÉORIE DE LA FORTIFICATION PERMANENTE, par don Jose HERRERA GARCIA, 1 vol. in-8 et atlas de 9 planches.................................... 15 fr.

UTILITÉ D'ÉCRIRE L'HISTOIRE DES RÉGIMENTS DE L'ARMÉE. — Opuscule suivi de l'HISTOIRE DU RÉGIMENT DE JAEN, par le lieutenant-général comte de CLONARD, broch. in-8.................................. 4 fr.

ORLÉANS. — IMP. ERNEST COLAS.

UN HELLÉNISTE

EN ÉPAULETTES

PAR ÉD. DE LA BARRE DUPARCQ.

UN HELLÉNISTE

EN ÉPAULETTES.

Paul-Louis Courier (1), est un écrivain unique qui sut intéresser l'Europe entière à sa maladresse d'avoir maculé d'encre dans la Bibliothèque Laurentine de Florence un passage inédit d'un manuscrit de Longus, dont il venait de faire la découverte, et qui complétait le premier livre de la charmante pastorale de Daphnis et Chloé, jusqu'alors mutilé dans toutes les éditions connues. Courier possédait un grade dans l'armée et les connaissances d'un helléniste : sa personne représente à la fois un chef d'escadron d'artillerie et un savant. Il connaissait les sciences mathématiques puisqu'il sortait de l'école d'artillerie de Châlons, et pratiquait les lettres par goût. La guerre l'entraîna en 1793 à l'armée du Rhin, en 1798 en Italie où il séjourna de longues années et où il assista à la transformation de la République en monarchie, puis en 1809 dans l'île de Lobau. Il n'avait jamais aimé la guerre, y coopérant uniquement par devoir, et se brouilla tout à fait avec elle en voyant ses horreurs pendant la nuit qui précéda Wagram.

La fortune le réservait pour d'autres luttes, des luttes politiques livrées à coups de plume, et la gloire du pamphlétaire devait, en le consolant des rigueurs de Mars, signaler son nom à la postérité. Si cette gloire littéraire

(1) Né à Paris en 1773, mort en 1825.

a été grande, il la doit moins à l'esprit d'opposition qui plaît toujours et trouve facilement des lecteurs, qu'à un style vif, pur, qu'à des pensées fines, qu'à un atticisme remarquable, mais qui s'explique par ses études de prédilection, par sa familiarité avec le grec et ce qui nous reste de cette belle langue antique.

Paul-Louis Courier travaillait à bâtons rompus; il lui suffisait de quelques livres pour se livrer à ses occupations littéraires, dont plusieurs relations promptement ouvertes dans ses divers séjours étendaient le cercle et accroissaient l'importance. On peut au moyen de sa correspondance, qui a été publiée jusqu'en 1812, assister à ses récréations littéraires et le voir ne s'y trouver jamais indifférent ou oublieux, même lorsque ses occupations d'artilleur lui laissent peu de répit.

Il débute à Thionville (septembre 1793) comme lieutenant au 2e d'artillerie; son lieutenant en premier est un rude caractère, un camarade d'humeur fort inégale, qu'il supporte comme Socrate supportait Xantippe, *pour s'exercer à la patience;* s'il s'en plaint, c'est uniquement parce que cet état de perpétuelle dispute nuit à son travail, ce dont *l'autre* ne s'aperçoit pas. Et quel travail amoureusement suivi ! Jugez-en par ce fragment d'une de ses premières lettres à sa mère : « Mes livres font ma joie, et presque ma seule société. Je ne m'ennuie que quand on me force à les quitter, et je les retrouve toujours avec plaisir. J'aime surtout à relire ceux que j'ai déjà lus nombre de fois, et par là j'acquiers une érudition moins étendue, mais plus solide (1). »

Son père n'était pas d'avis qu'il s'adonnât aux langues mortes : il avoue ne pas penser de même, déclare que c'est un goût personnel trop prononcé pour qu'il l'abandonne et que d'ailleurs il y gagnera quelque chose... le *style* sans doute veut-il dire, qui en effet éclate chez lui, dès 1816, dans sa *Pétition aux deux Chambres*, comme un des meilleurs de la langue française.

(1) Courier ajoute d'une façon charmante combien il regrette le *sourire de ses parents* et la *vie tranquille* qu'il menait auprès d'eux. Toute la joie d'un enfant est là en effet, voir sourir sa mère, sa première Providence.

En 1799, il séjourne à Rome. « Me voilà écrit-il à un ami, décidément redevenu soldat, par conséquent *sine sede*, vivant à la mode des Scythes... Je me trouve un peu embarrassé à vous donner mon adresse. Car nous autres conquérants, emportés par la victoire, nous ne savons guère aujourd'hui où nous serons, ni si nous serons demain. En cherchant la gloire, nous trouvons la mort. » Cet ami est un polonais antiquaire et érudit, qu'il a connu à Toulouse. Il lui confie sa rencontre avec l'abbé Marini, et même que ce dernier lui a beaucoup appris sur l'abbé Maury, mais il se réserve de lui raconter ce beaucoup de vive voix.

En 1805, c'est de Barletta qu'il adresse à Saumur cette lettre où perce la perpétuité de ses tendances littéraires. « Ayant reçu ordre à Plaisance de me rendre ici pour commander l'artillerie à cheval de cette armée, j'achetai trois chevaux et partis. Je m'arrêtai quinze jours à Parme, où je trouvai une belle bibliothèque ; j'y travaillai sur Xénophon... De Parme j'allai à Modène, en passant par Reggio, jolie ville où j'ai trouvé un poète de mes anciens amis... Je m'arrêtai deux ou trois jours à Bologne pour copier des inscriptions... J'en trouvai de très-curieuses en passant à Fano et à Sinigaglia ; mais je ne pus les copier toutes, parce que la saison s'avançait et que je craignais d'être arrêté par les torrents, si j'attendais plus tard à passer les montagnes des Abruzzes. » Ne voyez-vous pas d'ici cet officier utilisant ses haltes, et récoltant chemin faisant les vestiges du passé, et le faisant en connaissance de cause : alors la chose n'était pas commune.

Montrons encore Courier qui *devenu Italien*, assurait-il, désirait pouvoir se fixer en Italie, et s'abandonnait relativement à ce projet comme en ce qui concerne sa vie entière, à la fortune sans pourtant avoir d'ambition (1), montrons-le chatouillé par ce certain démon littéraire qui le lutine et l'engage à la publicité : pour cela nous le saisirons dans une lettre de la même époque adressée à un helléniste français de ce temps, M. Danse de Villoison. « Vous me tentez, Monsieur, en m'assurant qu'une traduc-

(1) Il venait d'être fait chevalier de la Legion-d'Honneur, récompense toute nouvelle.

tion de ces vieux *mathematici* me couvrirait de gloire. Je n'eusse jamais cru cela. Mais enfin vous me l'assurez, et je saurai à qui m'en prendre si la gloire me manque après la traduction faite ; car je le ferai, chose sûre. J'en étais un peu dégoûté, de la gloire, par de certaines gens que j'en vois couverts de la tête aux pieds, et qui n'en ont pas meilleur air ; mais celle que vous me proposez est d'une espèce particulière, puisque vous dites que moi seul je puis cueillir de pareils lauriers. Vous avez trouvé là mon faible : à mes yeux, honneurs et plaisirs, par cette qualité d'exclusifs, acquièrent un grand prix. Ainsi me voilà décidé ; quelque part que ce livre me tombe sous la main, je le traduis, pour voir un peu si je me couvrirai de gloire. » Quel désir d'exécuter et de publier un travail littéraire digne de réussir, et en même temps quel charmant badinage sur la gloire qui ne dépend pas du talent seul, mais de mille autres incidents !

Déjà les savants avec lesquels il se trouve en relations, l'incitent à se démettre. « Sans doute, c'est mon dessein, répond-il, mais je suis bien ici, où j'ai tout à souhait : un pays admirable, l'antique, la nature, les tombeaux, les ruines, la Grande-Grèce. Que de choses ! Le général en chef (il s'agit de Gouvion Saint-Cyr) est un homme de mérite, savant, le plus savant dans l'art de massacrer que peut-être il y ait ; bon homme au demeurant, qui me traite en ami ; tout cela me retient. D'ailleurs je laisse faire à la fortune, et ne me mêle point du tout de la conduite de ma vie (1). » Comme Gouvion Saint-Cyr se trouve silhouetté d'un coup de pinceau de son malin inférieur ! Ce qui suit dans la même lettre est plus précieux ; Courier s'attaque à de plus illustres noms. « J'étudie ici mieux que je n'ai jamais fait, et du matin au soir, à la manière d'Homère, qui n'avait point de livres. Il étudiait les hommes : on ne les voit nulle part comme ici. *Homère fit la guerre ;* gardez-vous d'en douter. C'était la guerre sauvage. Il fut aide de camp je crois d'Agamemnon, ou bien son secretaire (2). » Courier, on le voit, croyait à un seul

(1) En quittant le service, il s'écrie : « Adieu, hasard ! » Voyez plus loin.

(2) Lettre à M. Leduc. officier d'artillerie, de Mileto, le 18 octobre 1806.

Homère. Puis il ajoute : « Ni Thucydide non plus n'aurait eu ce sens si vrai, si profond ; cela ne s'apprend pas dans les écoles. Comparez, je vous prie, Salluste et Tite-Live; celui-ci parle d'or, on ne saurait mieux dire; l'autre sait de quoi il parle Et qui m'empêcherait quelque jour...? » Notre auteur n'a pas donné suite à ce projet, il n'a rien écrit sur la guerre; elle ne lui plaisait pas assez pour cela, il ne savait s'astreindre et voguait là où sa fantaisie le portait.

Tel nous venons de le voir se peindre lui-même, tel fut Courier tant qu'il resta au service; littérateur en uniforme, consacrant à l'étude ses instants de répit. Pourtant il avait à faire militairement parlant, mais officier sans soldats, canonnier sans canons, *simple distributeur de cartouches à l'infanterie*, suivant son expression, cela l'ennuyait. « Ce service ne me convenant pas, écrit-il à un camarade de son arme employé à Paris, pour être quelque chose je suis officier d'état major, aide de camp, tout ce qu'on veut ; toujours à l'avant garde, crevant mes chevaux, et me chargeant de toutes les commissions dont les autres ne se soucient pas. Mais je sens qu'à ce métier je ne puis gagner que des coups, et me faire estropier en pure perte. Jamais dans l'artillerie, on ne me tiendra compte d'un service fait hors du corps. »

Courier n'attachait pas une une grande importance à ses travaux littéraires; il s'y livrait volontiers, par goût, par délassement, nullement par ambition. Traducteur des ouvrages de Xénophon sur la cavalerie, il eût pu au moyen d'une dédicace en tirer parti (1), car son renom d'helléniste commençait à grandir, et l'Empereur ayant ouï dire qu'il y avait à Rome un officier s'occupant de recherches sur le grec, avait ordonné qu'on le laissât libre de le faire; mais Courier avait oublié de naître courtisan; cet oubli, et certaines inégalités de caractère furent ses plus grands défauts. On sait où le menèrent ces inégalités ; à écrire le 20 mars 1819, à Messieurs de l'Académie des inscriptions et belles-lettres qui venaient de refuser de l'admettre dans leur sein, une lettre restée célèbre, trop violente et qu'il dut regretter, surtout n'étant pas non plus tourmenté par une grande

(1) Voyez sa lettre à M. Boissonnade, de Florence, le 3 mars 1810.

ambition littéraire, et pouvant se consoler facilement de voir son talent, sûr de la postérité, échapper à une consécration officielle (1). Ce n'est pas qu'il ne plaide avec raison contre ces étages successifs créés dans la carrière des lettres et qui ne devraient avoir d'autre but que de faire patienter la médiocrité.

Mais laissons ce côté de Paul-Louis Courier qui est étranger à notre sujet, et revenons à ses occupations littéraires pendant qu'il fut au service et tant qu'il conserva ses épaulettes.

En janvier 1807 il était à Naples, après une campagne pénible dans la Calabre, où il avait demandé à servir, ce qui était rare, mais dans cette riante ville l'oisiveté lui pesa, la mollesse du climat ébranla sa santé, et il fut obligé de solliciter sa nomination à la grande armée. Sans la bibliothèque du marquis Tacconi, et les relations qu'il noua avec plusieurs érudits, il eut plus souffert pendant les deux mois de son séjour dans cette capitale. Envoyé dans la Pouille, à Foggia et non dans l'Allemagne, il y fut pris par un autre mal, le manque d'argent; en vain faisait-il dresser des certificats, il ne pouvait toucher ce qui lui revenait pour la perte de plusieurs chevaux et de ses effets ainsi que pour un transport d'artillerie exécuté à ses frais, et de plus la charité de ses camarades se trouvait à bout: aussi écrivait-il au général Reynier, en lui transmettant les pièces relatives à ses réclamations : « Il s'agit d'une aumône et de soulager un malheureux. » Il eût pu dire « un malheureux auquel on doit 12,247 francs dont une ordonnance de paiement émanant du ministre de la guerre et ayant près d'un an de date (2). » Dans les effets mentionnés comme perdus par lui, figurent des *livres* : quelque Homère ou Thucydide, et d'autres *outils* intellectuels (3). »

(1) Déjà, dans une lettre du 18 octobre 1808, il disait : « Soyons de bonne foi, les rois nuisent aux lettres en les protégeant ; leurs caresses étouffent les Muses. Il y a bien eu quelquefois de grands talents, *malgré les pensions et les Académies*. »

(2) « Dans cette *diabolique* campagne, j'ai eu beaucoup plus que ma part de fatigues et de dangers ; j'ai perdu huit chevaux pris ou tués, mes nippes, mon argent, mes papiers, le tout évalué 12,000 francs, *par la discrétion du perdant*. »

(3) « Il me manque encore des outils pour enlever certains

De toutes ces misères Courier se console en écrivant en italien au bibliothécaire particulier du roi de Naples, et en français à ses amis de France : « Je parcours ce royaume, dit-il à l'un d'eux, comme une terre que j'aurais envie d'acheter. Je m'arrête où il me plaît, c'est-à-dire presque partout. » Il vagabondait en effet quelquefois, et perdait du temps dans les missions dont il était chargé, ce qui lui attira des désagréments avec le général Dedon.

Peu de jours après sa délivrance il est à Naples, au milieu d'une « paix profonde et favorable à ses études... Je passe ici mes jours, rapporte-t-il, ces jours longs et brûlants, dans la bibliothèque du marquis Tacconi, à traduire pour vous (il écrit à M. de Sainte-Croix) Xénophon, non sans peine; le texte est gâté. Ce marquis est un homme admirable, il a tous les livres possibles, j'entends tous ceux que vous et moi saurions désirer. J'en dispose; entre nous, quand je serai parti je ne sais qui les lira. Lui ne lit point; je ne pense pas qu'il en ait ouvert un de sa vie. » Sa malice épuisée à l'égard du grand seigneur italien qui lui ouvrait sa bibliothèque, Courier trouve encore moyen de s'amuser et de rire, ajoutant : « Ainsi en usait Salomon avec ses sept ou huit cents femmes; les aimant pour la vue, il n'y touchait guère, sage en cela surtout; peut-être aussi comme Tacconi, les prêtait-il à ses amis. »

Nous voilà encore jetés dans un hors-d'œuvre; mais avec Courier il est difficile d'agir autrement; l'esprit, le trait se faufilent partout, et, n'importe de quoi il parle, il excelle à se faire lire. Ses lettres, comme ses ouvrages, intéressent par le fond autant que par le style.

Voyez par exemple comme il plaisante avec sa situation, et les obstacles qu'elle oppose à ses travaux. Parlant à nouveau de sa démission, il dit à M. de Sainte-Croix, l'auteur de l'*Examen critique des anciens historiens d'Alexandre le Grand* dont la deuxième édition venait de paraître (1804) et vis-à-vis duquel la communauté des études lui permet une certaine familiarité : « Vous avez grande raison de me dire : *quittez ce vil métier*. Vous me parlez sagement, et je ne veux pas non plus faire

nœuds à la petite bagatelle que je vous destine. » Lettre à M. de Sainte-Croix.

comme Molière, à qui toute sa vie ses amis en dirent autant. Il était, lui, chef de sa troupe; moi, je mouche les chandelles. Ne croyez pas pourtant, Monsieur, que j'y aie perdu tout mon temps; j'y ai fait de bonnes études, et je sais à présent des choses qu'on n'apprend point dans les livres. » Donc il ne regrette pas entièrement la carrière militaire; elle l'a mûri, et il a vu d'assez près les faiblesses de l'autorité humaine pour avoir de quoi rire le restant de ses jours.

Courier est rieur en effet; plaisanter, se moquer lui constitue un besoin. C'est lui qui signe une lettre adressée à sa parente, Mme Pigalle : *Le cousin qui ne rit plus.* Malheureusement ce besoin, et le mordant qui l'accompagne l'entraîne trop loin, il dépasse la mesure vis-à-vis de ses chefs : il l'avait fait dans une lettre au général Dedon écrite *ab irato* et qui lui valut, un peu plus tard vu la distance et de la part du ministre de la guerre, des arrêts et une espèce de suspension d'emploi, puisqu'on lui retint une partie des appointements.

Ces arrêts paternellement surveillés lui laissaient quelque répit et furent adoucis par l'arrivée d'un de ses camarades, le commandant Haxo, du génie, qui revenait de Constantinople, homme capable (1), avec lequel il put causer comme il l'aimait, de façon à retenir.

A la même époque il écrivait à M. Seroux d'Agincourt, érudit originaire des environs de Compiègne et connu par une *Histoire de l'art sur les monuments*, dont la publication allait commencer : « En vous quittant je vins à Florence où je restai quinze jours enfermé avec Xénophon dans cette bibliothèque bâtie par Michel-Ange... Je ne m'ennuyai pas non plus à Vérone où je fus un mois seul et *libre* (2). Je vis l'amphithéâtre, je vis le Musée Massei. On a enlevé pour Paris les plus beaux morceaux. Vous crierez à la barbarie; moi je crois toujours que tout est bien... Je sollicite comme je vous l'ai dit un congé pour aller en France. »

(1) Haxo se distingua au siége de Sarragosse, à la bataille de Wagram, dans la campagne de Russie, et devint lieutenant-général. Il mourut en 1838. M. le maréchal Vaillant a servi auprès de lui comme aide-de-camp.

(2) Pendant ses arrêts.

Jusqu'à l'obtention de ce congé, jusqu'à son départ de l'armée, tant qu'il sera *sous la tente*, Courier s'occupera d'études sur la littérature ou l'antiquité; c'est l'aliment qui lui est le plus nécessaire, le distrait et le soutient. Du grec il passe à l'italien et songe à traduire un ouvrage de Mme Dionigi relatif à la perspective. Une de ses lettres à cette dame, dont il aimait la maison quand il était à Rome, nous fournit la trace de ce projet: « Vous jugez bien, Madame, que dans ces continuelles courses, si j'ai eu le temps de lire, comme j'ai fait, avec grand plaisir votre ouvrage, je n'ai pu songer à le traduire. Ce n'est pas un travail à faire *currente calamo*, encore moins *currente scriptore*. Pour y apporter tout le soin et l'attention nécessaires, il faut du repos, il faut ne penser à autre chose. Puis vous traduire c'est un plaisir, et tous les plaisirs je les veux goûter à mon aise. Je m'arrêterai bientôt à Pise, à Livourne ou ailleurs, et, dès que j'aurai posé le pied quelque part, j'entrerai en fonctions comme votre interprète, et ferai de mon mieux pour transmettre à nos Français vos charmantes leçons. »

Deux mois après, le grec a repris le dessus, et il écrit de Livourne à Monseigneur Marini : « Je n'ai pas voyagé seul, mais avec mon Xénophon, c'est-à-dire en bonne compagnie. A Florence, j'ai collationné trois misérables manuscrits qui ne m'ont payé de ma peine que par la certitude acquise qu'ils ne contiennent rien qui vaille. Un des vôtres et un de Paris sont les seuls qui m'aient fourni quelques bonnes leçons. Avec ce secours et mes conjectures, j'ai rétabli plusieurs passages, et j'en laisse peu à corriger. En un mot, je crois avoir fait tout ce que peut un soldat, expliquant aux savants ce qu'ils ne peuvent savoir, suivant la loi : *tractent fabrilia fabri.* »

Si le soldat avait, en effet, mis ses connaissances militaires ou de profession au service de l'érudition, de façon à produire un Xénophon *amélioré*, le temps approchait où le métier des armes allait cesser d'être le sien. Seulement il devait auparavant passer par l'île de Lobau, car il sollicita d'être envoyé prendre part à la campagne de 1809 en Allemagne, et alors il ignorait que cette velléité de rejoindre la Grande-Armée, déjà montrée par lui dans plusieurs occasions, le mènerait à une démission définitive et à la vie civile. Pourtant, dès septembre 1808, il prend la résolution de publier son Xénophon (1) tel qu'il était, désespérant de pouvoir y mettre la dernière main ; il le dit expressément à M. de Sainte-Croix, et veut que l'édition paraisse sous les auspices de ce savant; elle parut, en effet, en 1809. L'auteur s'excuse d'avoir manqué de temps pour rendre ses notes plus courtes, et d'autre part il prétend qu'on trouvera dans son ouvrage « peu de lecture, nulle érudition... qu'il ne faut pas attendre de lui des recherches exigeant du temps et des livres. » Remarquez combien il aime les notes précises, car il qualifie sévèrement aussi les notes de l'*Isocrate* de Coraï, les assurant *pleines de longueur et d'inutilités ;* une note, en effet, doit toujours offrir de l'intérêt et ouvrir au lecteur ou un complément du texte ou un horizon détourné relatif à ce texte.

Malgré l'aveu de Courier, ne craignant pas de confesser que son Xénophon n'était pas achevé, alors que tout auteur sérieux en est là quand il publie un livre qui certes n'est jamais aussi parfait qu'il l'avait rêvé, ses efforts étaient appréciés. M. Akerblad (2) lui écrit en effet de Florence à Livourne : « ... Je suis enchanté de voir que ni vos occupations militaires, ni les alertes que vous donnent de temps en temps les Anglais, ni même les tremblements de terre, n'ont pu vous détourner de *vos études chéries*, et j'admire votre belle et *constante* passion pour les muses grecques ; passion qui ne vous quitte pas, même dans la ville la plus indocte de l'Italie, où l'on n'entend parler que de lettres de change et de marchandises coloniales. »

Il paraît que Courier faisait partie d'une commission de savants chargés de rechercher en Italie les manuscrits dans les bibliothèques des couvents supprimés. Néanmoins, malgré la possibilité de concilier ainsi ses fonctions militaires avec ses travaux littéraires, il aspirait à déposer l'uniforme. « Je songe tout de bon à quitter ce vil métier ; mais ne sachant comment vont mes affaires en France, je ne veux pas rompre, je veux me dégager tout doucement et laisser là mon harnais, comme un papillon dépouille peu à peu la chrysalide et s'envole. »

En attendant que les ailes lui poussent, notre futur

(1) Il s'agit des deux ouvrages de Xénophon sur la cavalerie.

(2) Le même qui veut relire Thucydide ou Démosthènes pour se remettre de la plate lecture des érotiques grecs.

papillon réclame quelqu'un qui veuille se charger à Paris de surveiller l'impression de son Xénophon, et surtout d'y ajouter *les accents*, qu'il a *l'habitude très-blâmable d'omettre en écrivant*. « M. Boissonade pourrait se charger de cet ennui... J'hésite d'autant moins à l'en prier que je puis lui rendre la pareille, étant tout à son service pour quelque collation ou notice de manuscrits qu'il lui faille de Rome ou d'ici, je veux dire de Florence... Ce n'est pas pour moi, mais pour Xénophon, que je lui demande cette grâce, en un mot *pour l'amour du grec* (1). »

La santé, dit-il vers ce temps, c'est la moitié du bonheur, l'autre moitié étant le *mens sana* si précieux aux gens de lettres et sans lequel ils ne sont plus rien. Et on le voit conseiller à M. de Sainte Croix, qui souffrait de la vessie, un régime qu'il tenait du chevalier Arazza, et pratiqué avec succès en Espagne, savoir : des végétaux cuits à l'eau simple sans sel, de la polenta et de l'eau pour toute boisson.

Tout d'un coup il abandonne l'artillerie et le service militaire : sa démission est acceptée le 15 mars 1808 ; cinq jours avant, il écrivait au major de son régiment, à Vérone : « Ma foi, mon major, je vous quitte, et c'est à regret, en vérité. L'honnêteté n'entre pour rien dans ce que je vous dis là. Je vous regrette tous, mes camarades ; j'ai passé avec vous des moments agréables. Cependant, pour avoir du bon temps, je crois qu'il vaut mieux être libre. — Le diable s'était mis dans mes affaires en France. Je demande un congé... on ne m'écoute seulement pas. Aujourd'hui, c'est ma démission dont je régale Son Excellence, et pour cela je ne crois pas qu'il y ait de difficultés. — Adieu, major; adieu Hasard (2), et tous mes camarades connus et inconnus ; adieu, mes amis ! Buvez frais, mangez chaud, faites l'amour comme vous pourrez. Adieu. »

Cette fin ne sent pas trop son misanthrope, et il semble

(1) Allusion à ces vers des *Femmes savantes* (acte 3, scène 5), restés célèbres et dont la fin forme aujourd'hui proverbe :

> Quoi, Monsieur sait du grec, ah ! permettez de grâce
> Que, *pour l'amour du grec*, Monsieur on vous embrasse.

C'est Philaminthe qui les adresse à Vadius (Ménage).

(2) Le *hasard* des combats, ce que nous avons appelé dans un mémoire spécial, *le bonheur à la guerre*.

utile de présenter sous ce jour Courier, qui nourrissait parfois une humeur sombre.

Vous croyez peut-être qu'il va s'empresser de jouir de sa liberté et accourir à Paris pour y prendre son *bon temps* : nullement ; il attend que la neige soit *un peu fondue sur les Alpes*, puis il veut revenir passer l'hiver en Italie. Il espère sans doute y continuer ses travaux et y badiner doucement, comme dans ce passage d'une de ses lettres (1) : « A une lecture de Monti... l'on a discuté si l'on pouvait dire en vers héroïques *asino* et *porco ;* l'affirmative a passé tout d'une voix, sur l'affirmative d'Homère appuyé de son traducteur. Notifiez cet arrêt à vos lettrés toscans, et à tous auxquels il appartiendra : la chose intéresse beaucoup de gens qui ne pourraient sans cela espérer de voir jamais leurs noms dans la haute poésie. »

Deux mois après Courier avait séjourné à Paris et en partait pour Strasbourg et Vienne, afin d'essayer de se faire replacer dans le corps de l'artillerie et de combattre à la grande armée comme il l'avait toujours désiré et souvent demandé, sans doute pour voir Napoléon à l'œuvre. Il pouvait se croire sur le point de réussir, le ministre de la guerre lui ayant donné une lettre autorisant le général d'artillerie Lariboissière à l'employer provisoirement. Cette tentative n'aboutit pourtant pas ; l'air marécageux de l'île de Lobau lui donna la fièvre, et après avoir pris part au feu des batteries de l'île Alexandre, il succomba de fatigue dans la nuit du 4 au 5 juillet qui favorisa l'audacieuse traversée de l'armée française sur la rive gauche du Danube, fut enlevé par les domestiques d'un officier-général, et transporté dans la capitale de l'empire d'Autriche. Là, dégrisé de toute ambition, il repartit pour Strasbourg, sans faire régulariser sa position, ce qui faillit l'entraîner comme déserteur devant un conseil de guerre.

Ainsi se termine sa carrière militaire. Il lui restait, pour remplir sa mission, à devenir propriétaire campagnard et frondeur, érudit pur, et, comme passe-temps, publiciste et pamphlétaire. Ce dernier rôle, moindre suivant moi que son mérite d'érudit, quoique accompli avec un talent à part, est ce qui a le plus contribué à entourer son nom d'une auréole de gloire.

(1) 12 mars 1809.

Néanmoins pendant qu'il était sous les drapeaux, sa renommée littéraire lui avait déjà gagné des sympathies à l'étranger; il en reçut un jour un témoignage plus frappant que les éloges prodigués à ses travaux dans des journaux ou au sein des corps savants ; des hussards autrichiens ayant pillé son bagage et pris les 12 ou 15 volumes y contenus, l'officier qui commandait le détachement lui renvoya ces derniers accompagnés d'une lettre remplie de courtoisie. Cette attention constituait une exception flatteuse et l'*amour du grec* avait, comme dans les *Femmes savantes,* produit un lien sympathique entre deux esprits cultivés. Courier fut sensible à cette aventure, car il avait de l'attachement pour ses livres : on le voit dans la lettre (1) où il se plaint d'avoir perdu dans une expédition un Homère portatif, ayant appartenu à l'abbé Barthélemy et qui lui venait de ce savant auteur du *Voyage d'Anacharsis*.

Il ne nous reste rien à dire sur cet écrivain au style inimitable par la force et le naturel, si ce n'est deux particularités. Il désapprouvait l'usage des dragons, assurant qu'un soldat ne pouvait être à la fois cavalier et fantassin (2). Il n'avait pas tort, mais perdait de vue que, depuis la Révolution, les dragons étaient plus cavaliers que fantassins, ce qui faisait assez tomber sa critique. Il allait même plus loin, disait qu'on ne pouvait être à la fois canonnier et cavalier, et blâmait en conséquence l'artillerie à cheval, dans laquelle pourtant il servait ou avait servi. Il eut mieux fait de dire qu'on pouvait difficilement y devenir un artilleur aussi complet que dans l'artillerie à pied, mais les deux artilleries n'ont pas le même but.

Il a médit de l'histoire (3), disant : « Plutarque à présent me fait crever de rire ; je ne crois plus aux grands hommes; » mais c'est quand il revient désenchanté de sa courte participation à la campagne de 1809. D'ailleurs s'il ne faut pas embellir les actions des hommes remarquables et les offrir au public tels qu'ils ont été, afin de rendre l'exemple profitable, il n'est pas prouvé qu'il faille les supprimer ou les passer sous silence, afin de ne pouvoir

(1) A M. de Sainte-Croix, 12 septembre 1806.
(2) Lettre au général d'Arancey, du 13 septembre 1808.
(3) Lettres du 25 août 1809 et 3 octobre 1810.

tomber dans cet inconvénient. J'aime mieux la forme suivante qui est moins âpre et porte à peu près la même date : « C'est un plaisant historien que Plutarque, et bien peu connu de ceux qui ne le lisent pas en sa langue; *son mérite est tout dans le style*. Il se moque des faits, et n'en prend que ce qui lui plaît, n'ayant souci que de paraître habile écrivain. Il ferait gagner à Pompée la bataille de Pharsale, si cela pouvait arrondir tant soit peu sa phrase. Il a raison. Toutes ces sottises qu'on appelle histoire ne peuvent valoir quelque chose qu'avec les ornements du goût. » On est bien revenu de ce point de vue et l'exactitude historique, assurée par la multiplicité des informations et la profondeur des recherches ont fait depuis la mort de Courier des progrès qu'il ne pouvait prévoir ; mais, à son époque même, cette critique des erreurs de Plutarque était exagérée, car, s'il est utile de mettre en garde contre sa véracité, on ne peut disconvenir que sa lecture offre des avantages et mérite une recommandation.

Paul-Louis Courier est mort à 52 ans, en pleine possession de sa renommée littéraire, ce qui lui a évité de chercher, vingt ans plus tard, à désarmer la critique en face des écrits de sa vieillesse, et à lui dire comme Horace à Vénus :

.... *Parce, precor, precor,*
Non sum qualis eram.....

(*Odes*, IV, I.)

ÉD. DE LA BARRE DUPARCQ.

Tiré à 200 exemplaires. — 1866.

ORLÉANS. — IMP. ERNEST COLAS.

PUBLICATIONS

DE

M. DE LA BARRE DUPARCQ.

CATALOGUE.

I. — Mémoires lus à l'Académie des Sciences morales et politiques.

PARALLÉLISME DES PROGRÈS DE LA CIVILISATION ET DE L'ART MILITAIRE, broch. in-8, 1861 .... 2 fr. 50

L'ART DES INDICES, PARTICULIÈREMENT A LA GUERRE, broch. in-8, 1862 .... 1 fr.

HANNIBAL EN ITALIE, broch. in-8, 1863 .... 1 fr. 50

L'ART MILITAIRE PENDANT LES GUERRES DE RELIGION (1562-1598), broch. in-8, 1864 .... 2 fr.

LE BONHEUR A LA GUERRE, broch. in-8, 1865 .... 1 fr. 50

DES IMITATIONS MILITAIRES, broch. in-8, 1866 .... 1 fr. 50

II. — Ouvrages originaux.

HISTOIRE DE L'ART DE LA GUERRE depuis son origine jusqu'à nos jours, 2 vol. in-8 .... 15 fr.

Chapitres du tome Ier.

Avant-propos. — Introduction générale. — CHAP. I, Premiers peuples. — CHAP. II, Grecs. — CHAP. III, Romains. — CHAP. IV, Peuples conquis. — CHAP. V, Peuples barbares. — CHAP. VI, Le Moyen-Age avant l'usage de la Poudre.

Chapitres du tome II.

CHAP. Ier, Le Moyen-Age depuis l'usage de la poudre. — CHAP. II, Renaissance de l'art. — CHAP. III, L'Art prend son caractère moderne pendant la guerre de Trente Ans. — CHAP. IV, Les Guerres de Louis XIV. — CHAP. V, L'art de la guerre durant la première moitié du règne de Louis XV. — CHAP. VI, Progrès dus à Frédéric de Prusse. — CHAP. VII, Changements apportés dans l'art de la guerre pendant les luttes de la Révolution française. — CHAP. VIII, Progrès dus à Napoléon. — CHAP. IX. — Période de 1815 à 1848.

ÉLÉMENTS D'ART ET D'HISTOIRE MILITAIRES, comprenant le précis des institutions militaires de la France, l'histoire et la tactique des armes isolées, la combinaison des armes, les petites opérations de la guerre et plusieurs annexes, 1 vol. in-8, avec figures .... 12 fr.

Cet ouvrage a été traduit en anglais par M. le brigadier général Cullum, 1 vol. in-8. New-York, 1863, chez Van Nostrand.

PORTRAITS MILITAIRES. — Esquisses historiques et stratégiques, 3 vol. in-8 .... 22 fr. 50

Ces volumes contiennent 40 portraits, savoir : Gustave Adolphe, la Tour d'Auvergne, du Guesclin, Frédéric, Vauban, Moncey, duc d'Albe, Turenne, la Noue, Souvarof, du Mouriez, Catinat, Wellington, Masséna, Jules César, Bayard, Condé, Seydlitz, Guibert, Ney, Washington, Jeanne d'Arc, Vendôme, Ibrahim-Pacha, Villars, Desaix, Charles XII, Lannes. Eugène de Savoie, Montluc, archiduc Charles, saint Louis, Montecuccoli, Crillon, Maurice de Nassau, Hoche, Sobieski, Luxembourg, Marlborough, Suchet.

Les portraits d'Eugène de Savoie et de Montecuccoli ont été traduits en italien par M. le comte Catucci, broch. in-18, Narni, 1860, chez Gattamelata.

HISTOIRE MILITAIRE DE LA PRUSSE AVANT 1756, ou INTRODUCTION A LA GUERRE DE SEPT ANS, 1 vol. in-8 (avec 6 plans de bataille)....... 7 fr. 50

ÉTUDES HISTORIQUES ET MILITAIRES SUR LA PRUSSE. 2 vol. in-8.. 12 fr.

Études du tome premier. — Observations sur le caractère du prince Henri de Prusse, frère de Frédéric le Grand; le Grand Électeur; Frédéric le Grand; l'Infanterie prussienne sous Frédéric le Grand; Seydlitz et la cavalerie prussienne; Organisations successives de l'armée prussienne depuis son origine jusqu'à nos jours; Réflexions sur l'armée prussienne; Notice sur les ordres militaires; les Tribunaux d'honneur; la Fortification prussienne au XIXe siècle; Note sur les journaux militaires.

Études du tome second. — De plusieurs pamphlets relatifs à la conquête de la Silésie; l'Administration militaire; l'Oder; le roi Frédéric-Guillaume II; les Articles de guerre; Particularités relatives à la justice militaire; Détails historiques sur l'artillerie prussienne; Officiers français au service de Prusse; la Guerre d'un an (1778-1779); Éclaircissements sur l'Académie des nobles; Médailles de 1701; Opinions de Warnery; les Frontières; Note sur la campagne de 1787 en Hollande; Maupertuisiana.

Le Ier volume de cet ouvrage a été traduit en allemand dès son apparition par M. le baron de Reinhard, 1 vol in-8, 1854, à Leipzig, chez Remmelmann.

COMMENTAIRES SUR LE TRAITÉ DE LA GUERRE DE CLAUSEWITZ, 1 vol. in-8.. 7 fr. 50

III. — Opuscules.

DE LA FORTIFICATION A L'USAGE DES GENS DU MONDE, broch. in-8. 2 fr. 50

BIOGRAPHIE ET MAXIMES DE BLAISE DE MONTLUC, broch. in-8... 2 fr. 50

UTILITÉ D'UNE ÉDITION DES ŒUVRES COMPLÈTES DE VAUBAN, broch. in-8.. 2 fr. 50

LE PLUS GRAND HOMME DE GUERRE, broch. in-8.................... 1 fr.

CONSIDÉRATIONS SUR L'ART MILITAIRE ANTIQUE ET SUR L'UTILITÉ DE SON ÉTUDE, broch. in-8.. 2 fr. 50

DE LA CRÉATION D'UNE BIBLIOTHÈQUE MILITAIRE PUBLIQUE, broch. in-8.. 2 fr.

BIOGRAPHIE ET MAXIMES DE MAURICE DE SAXE, broch. in-8........ 5 fr.
LETTRE SUR LA NÉCESSITÉ DE L'ÉTUDE DES SCIENCES ET DES ARTS DANS LA PROFESSION MILITAIRE, broch. in-8...................... 2 fr.
REMARQUES SUR LES RELATIONS DES LANGUES MILITAIRES FRANÇAISE, ALLEMANDE ET ESPAGNOLE, br. in-8...................... 2 fr.
DES SOURCES BIBLIOGRAPHIQUES MILITAIRES, broch. in-8......... 2 fr.
NOTICE SUR L'ACADÉMIE MILITAIRE DE BREDA, broch. in-8...... 1 fr. 50
OPINIONS ET MAXIMES DE FRÉDÉRIC LE GRAND, avec une introduction et des notes, broch. gr. in-18 .... 2 fr.

IV. — Principales traductions de l'allemand.

HISTOIRE DE LA FORTIFICATION PERMANENTE ou MANUEL DES MEILLEURS SYSTÈMES ET MANIÈRES DE FORTIFICATION, par A. DE ZASTROW, ouvrage traduit sur la troisième édition allemande. Nouvelle édition française augmentée de nombreuses notes par le traducteur, 2 vol. in-8 (avec atlas de 20 planches, 1866)... 25 fr.
PRINCIPES DE LA GRANDE GUERRE, suivis d'exemples tactiques raisonnés de leur application, par l'archiduc Charles, 1 vol. in-folio (avec 25 grands plans coloriés).. 125 fr.
HISTOIRE DE L'ART MILITAIRE CHEZ LES ANCIENS, par F. de Ciriacy, 1 vol. in-8, traduction annotée.. 7 fr. 50
ESQUISSE HISTORIQUE DE LA FORTIFICATION PERMANENTE, par Louis Blesson, br. in-8 (avec planche)...................................... 5 fr.
LES ARMÉES DES PUISSANCES DIRECTEMENT OU INDIRECTEMENT ENGAGÉES DANS LA QUESTION D'ORIENT. — Statistiques militaires, par un officier allemand, br. in-8.. 4 fr.

V. — Principales traductions de l'espagnol.

THÉORIE DE LA FORTIFICATION PERMANENTE, par don Jose HERRERA GARCIA, 1 vol. in-8 et atlas de 9 planches.................................. 15 fr.
UTILITÉ D'ÉCRIRE L'HISTOIRE DES RÉGIMENTS DE L'ARMÉE. — Opuscule suivi de l'HISTOIRE DU RÉGIMENT DE JAEN, par le lieutenant-général comte de CLONARD, broch. in-8.. 4 fr.

ORLÉANS. — IMP. ERNEST COLAS.

HISTOIRE

DE

L'ART DE LA GUERRE

PAR

ÉD. DE LA BARRE DUPARCQ

2 volumes in-8°.

TABLE DES CHAPITRES.

CHAP. Ier. Premiers peuples.
— II. Grecs.
— III. Romains.
— IV. Peuples conquis.
— V. Peuples barbares.
— VI. Le moyen-âge avant l'usage de la poudre.
— VII. Le moyen-âge depuis la poudre (1319-1546).
— VIII. Renaissance de l'art (1546-1610).
— IX. L'art prend son caractère moderne dans la guerre de Trente-Ans.
— X. Les guerres de Louis XIV.
— XI. L'art de la guerre durant la première moitié du règne de Louis XIV.
— XII. Progrès dus à Frédéric de Prusse.
— XIII. Changements apportés dans l'art de la guerre pendant les luttes de lá Révolution française.
— XIV. Progrès dus à Napoléon (1804-1815).
— XV. Période de 1815 à 1848.

www.ingramcontent.com/pod-product-compliance
Lightning Source LLC
LaVergne TN
LVHW050420160826
845677LV00002BA/459

9782329735399